입시의
몰락

입시의 몰락

이현
고용우
이혜정
조희연

인터뷰 진행
이기정

창비
교육

들어가는 글

1

이 책 끝에는 「입시 용어 설명서」가 있다. 대학 입시를 구성하는 제반 요소들을 체계적으로 정리하고 설명했다. 대학 입시에 대한 지식이 충분치 않다면 이 부분을 먼저 읽는 것도 좋겠다.

2

인터뷰 형식의 책을 내자는 제안이 왔을 때 선뜻 응하지 못하고 망설인 것이 사실이다. 나의 책과 칼럼을 높게 평가한 데서 비롯된 고맙고 감사한 제안이지만 흔쾌히 응할 수만은 없었다.

이름 높고 실력 있는 분들을 인터뷰한다고 해서 입시에 대한 해답을 찾을 수 있을까? 해결의 실마리나마 찾을 수 있는 것일까? 해답을 제시하기는커녕 괜히 혼란만 부추기지 않을까? 패배감, 좌절감만 키우지 않을까? 이러저러한 생각에 망설이지 않을 수 없었다. 망설임 끝에 제안을 받아들인 것은 결국 출판사의 문제의식에 동의했기 때문일 것이다.

"해답과 결론을 내자는 것이 목적이 아닙니다. 더 치열하고 뜨거운 논쟁을 불러일으키는 것이 목적입니다. 길이 안 보일수록 더 치열하게 논쟁해야 하는 것 아니겠습니까?"

3

누구를 인터뷰해야 할까? 누구를 인터뷰해야 혼란스러운 입시 논쟁에 조금의 의미나마 부여할 수 있을까? 인터뷰이 추천은 출판사 편집진이 주도적으로 했다. 나도 그게 좋겠다고 생각했다. 물론 나에겐 거부권이 있었으나 행사한 적은 없다. 길고 긴 논의가 그를 대신했다.

나는 인터뷰 기술이 뛰어난 프로가 아니다. 어설픈 아마추어다. 성공적인 인터뷰를 위해서라도 나는 내 마음이 간절히 원하는 사람과 대화해야 했다. 다행히 출판사에서도 이 점을 충분히 이해해 주었다.

이 책에 등장하는 인터뷰이는 모두 네 분이다. 그들의 어떤 점이 대화하고 싶은 열망을 불러일으켰을까? 가나다 순서로 얘기해 보자.

고용우 선생님. 고등학교 교사라면 입시의 현실에 발을 담글 수밖에 없다. 아니 적극적으로 발을 담가야 한다. 그러나 한편으로 교사는 입시에서 발을 빼려고 노력해야 한다. 발을 담가야 하지만 한편으론 발을 빼야만 하는 모순…, 그 모순 속에서 우리 교사들은 고뇌하고 몸부림쳐야 한다. 물론 어려운 일이다. 그러나 고용우 선생님은 그 어려운 길을 오랫동안 걸어오신 분이다. 고용우 선생님이 쓴 책『언어 능력을 기르는 국어 수업』에는 그가 고군분투하는 모습과 그 과정에서 이루어 낸 성취가 잘 드러나 있다. 이 책을 읽으며 나는 그와 대화를 나누고 싶었다.

이현 소장. 입시 문제에 관한 한 그는 철저한 현실주의자다. 치밀한 논리로 무장한 초절정의 고수다. 내가 이현 소장의 치밀한 논리 전개에 감탄한 것은 국회 토론회에서다. 더미래연구소가 주최한 수능 개편안 토론회 때 그의 발표를 듣고 생각했다. 입시에 대한 생각이 이현 소장과 같다면 그에게서 배워야 하고, 생각이 다르다면 그를 극복해야 한다고 생각했다. 그날 나는 그와 대화를 나누고 싶었다.

이혜정 박사. 어쩌면 그는 혁명가다. 대한민국 시험을 뒤엎으려는 혁명가다. 초등학교부터 대학교의 시험까지 대한민국의 모든 시험을 바꾸고 싶어 한다. 어떤 점에서 보면 그는 현실을 외면하는 이상주의자다. 그런데 나는 그에게서 강한 현실주의를 느끼기도 한다. 실타래처럼 얽히고설킨 문제를 어떻게 푼단 말인가? 쾌도난마, 어쩌면 이것이 가장 현실적인 방법이 아닐까? 시험 혁명가 이혜정 박사. 어쩌면 그는 철저한 현실주의자일지도 모른다. 나는 그와 대화를 나누고 싶었다.

조희연 서울시 교육감. 그는 서울시 교육을 책임지는 교육감이다. 동시에 교육 문제에 대한 연구자이자 탐구자이다. 교육감이 되기 전에도 그랬지만 교육감이 되고 나서도 교육에 대해 끊임없이 공부하고 글을 쓴다. 그가 교육감이 된 후 출판한 『일등주의 교육을 넘어』를 읽었다. 교육감이면서 연구자이자 탐구자인 그와 대화하면 얼마나 흥미로울까? 나는 조희연 교육감과 대화를 나누고 싶었다.

4

인터뷰에 흔쾌히 응해 주신 네 분께 감사의 인사를 올려야겠다. 네 분은 인터뷰어의 부족함을 내세워 얼마든지 인터뷰를 거절해도 되는 분들이다. 그러나 그분들은 인터뷰어가 나라는 사실을 알면서도 흔쾌히 인터뷰에 응해 주셨다. 감사할 따름이다.

창비 교과서 집필자 중 한 분인 박종호 선생님께도 감사의 마음을 전한다. 박 선생님은 처음부터 이 책의 기획에 참여해서 좋은 의견을 보태 주셨다. 인터뷰 기간 내내 자리를 지키며 좋은 사진을 찍어 주신 이영균 선생께도 감사의 마음을 전한다. 인터뷰가 끝난 후의 뒤풀이 모임에서 교육 문제에 대해 열변을 토하시던 모습이 지금도 인상에 강하게 남아 있다. 아울러 이 책의 기획부터 마무리까지 함께해 주신 창비교육 관계자들께도 두루 감사 인사를 드린다.

5

입시 문제의 해법을 찾는 일은 정말 어려운 일이다. 기껏 애써 봤자 최선은커녕 차선의 해법조차 되지 못할 수 있다. 그러나 우리는 멈출 수 없다. 최악만은 피하기 위해서라도 우리는 고군분투해야 한다. 그게 우리의 현실이다.

2018년 4월

이기정

차 례

● 일러두기

이 책의 대담은 2017년 10월 27일(이혜정), 10월 30일(이현), 11월 10일(조희연), 11월 16일(고용우)에 이루어졌고, 책의 출간 시점에 맞게 내용의 일부를 수정·보완하였다.

1장

입시에 대한 이해와 오해

입시의 기준은 투명성과 공정성이다

이
현

공항중학교 교사로 재직 중 전
교조 설립을 이유로 해직되었다가
1994년에 복직했다. EBS TV와 인
터넷 방송 강사로 활동했으며, 수
능 교육 업체인 스카이에듀를 설립
했다. 2014년, 20여 년간 활동하였
던 입시 학원 강사 활동과 스카이
에듀를 모두 정리하고, 재단 법인
우리교육연구소를 설립하였다. 이
후 공교육과 사교육의 경험을 종합
해서 우리나라 공교육 정책 연구
사업을 하고 있으며, 현재 소장 교
육학자들이 주관하는 『교육비평』
의 발행인으로 일하고 있다.

수능 절대 평가와 상대 평가

이기정 2017년 8월로 예정됐던 수능 개편 확정안 발표가 2018년 8월로 연기되었습니다. '수능 절대 평가인가, 상대 평가인가?' 여전히 논란이 계속되고 있습니다.

아시다시피 수능 전 과목 절대 평가제 시행은 더불어민주당의 대선 공약입니다. 그런데 막상 수능 절대 평가를 추진하려고 하니까 국민 여론이 그다지 호의적이지 않았습니다. 특히 학부모의 반발이 거셌습니다. 국민 여론을 경청하기 위해 개최한 수능 공청회가 수능 절대 평가제와 학생부 종합 전형(이하 학종)의 문제점만 성토하는 자리로 변했습니다. 이러지도 저러지도 못하는 상황에서 결국 교육부는 수능 개편안 발표를 1년 미룰 수밖에 없었습니다.

먼저, 절대 평가와 상대 평가가 무엇인지 정의하고 논의를 시작해야 할 것 같습니다.

이현 절대 평가는 '학습자가 주어진 교육 목표를 어느 정도 달성했느냐?'를 평가하는 것을 말합니다. 여기서는 다른 학생과의 비교는 중요하지 않습니다. 그 학생이 교육 목표에 어느 정도 도달했느냐만 중요하지요. 절대 평가 성적을 표현하는 방법은 여러 가지가 있어요. 예를 들면 100점 만점의 시험 성적은 기본적으로 절대 평가지요. 100점을 교육 목표의 최고 도달점이라고 보고 해당 학생의 성취 정도가 얼마냐를 보여 주니까요. 또 이런 성취 정도는 '수, 우, 미, 양, 가'로 표현할 수도 있고, 'A, B, C, D, E'로 표현할 수도 있습니다.

이기정 다른 학생과의 비교가 아니라 교육 목표에 어느 정도 수준으로 도달했느냐에 대한 평가가 절대 평가라는 말씀이시지요? 그런데 절대 평가를 더 피부에 와닿게 설명하려면 이렇게 말하는 것도 좋을 것 같습니다. "모든 학생이 정해진 기준을 충족해 A(수)를 받을 수도 있고, 반대로 모든 학생이 정해진 기준에 못 미쳐서 E(가)를 받을 수도 있는 게 절대 평가다." 이렇게 말입니다.

이현 그렇습니다. 반면에 상대 평가는 교육 목표에 도달한 수준을 다른 학생들과 비교해서 평가하는 겁니다. 즉, 자신이 도달한 수준이 다른 학생과 비교해서 어느 정도 위치에 있느냐를 평가하는 것이지요. 전형적인 상대 평가 방식은 '1등, 2등, 3등'과 같은 등수입니다. 이 평가에서는 학생이 교육 목표에 얼마나 도달했는지를 보여 주지 않습니다. 다만 다른 학생들과 비교했을 때의 위치만 보여 주죠.

이기정 남하고 비교했을 때 몇 번째인가를 정하는 것이 상대 평가라는 설명이지요?

이현 그렇지요. 등수 이외에도 백분위 점수나 백분위 점수에 기초한 등급도 상대 평가 성적을 표시하는 방법이에요. 백분위는 다른 학생과 비교해서 상위 몇 %의 위치에 있느냐를 보여 주는 것이니까요. 현행 수능 등급은 상위 4%까지는 1등급, 11%까지는 2등급, 이런 식으로 상대적 위치를 보여 주니까 상대 평가 점수이지요. 또 표준 점수도 상대 평가 점수입니다. 잘 아시다시피 표준 점수는 평균과 표준 편차에서 특정 집단의 분포를 그려 내고 그 분포 속에서 한 학생의 위치를 점수화한 것이거든요. 마찬가지로 '수, 우, 미, 양, 가'나 'A, B, C, D, E'로 평가하더라도 상위 몇 %까지 '수' 혹은 'A'라는 식으로 평가했다면 이것은 상대 평가가 되는 것이지요.

이기정 그러니까 학생 모두가 뛰어난 성취를 이루어도 그 안에 반드시 꼴찌가 있어야 하고, 반대로 학생 모두가 성취 기준에 못 미친다 할지라도 그 안에서 반드시 1등이 존재해야 하는 것이 상대 평가라는 거죠?

이현 네, 그러니까 'A, B, C, D, E'로 평가한 것이 절대 평가일 수도 있고 상대 평가일 수도 있습니다. 일정 수준 이상의 성취를 보인 학생 모두에게 A학점을 주는 경우에 A학점은 절대 평가 점수이지만, 상위 10%까지만 A학점을 주는 순간 그 학점은 상대 평가 점수가 되니까요.

수능은 본래 절대 평가였다

이기정 표준 점수나 백분율로 환원하지 않고 그냥 학생이 받는 원래의 점수, 즉 원점수를 그대로 제공하면 절대 평가지요. 상당수 사람들이 원점수를 상대 평가로 인식하고 있지만 본래적 의미에서는 절대 평가죠?

이현 그렇지요. 그리고 그런 의미에서 수능은 본래 절대 평가였습니다. 이렇게 말하면 많은 사람들이 깜짝 놀랍니다. 심지어는 수능 절대 평가를 주장하는 분들도 놀랍니다. 그 이유는 사실 절대 평가의 개념 자체를 잘 모르기 때문이지요. 초창기 수능은 200점 만점의 절대 평가였고, 이후 400점 만점의 절대 평가였습니다. 사실은 이전의 학력 고사도 절대 평가였습니다.

이기정 그런데 지금의 수능은 상대 평가 아닙니까? 절대 평가였던 수능이 상대 평가로 바뀐 이유는 무엇인가요?

이현 1998학년도부터 수능에 부분적인 상대 평가 점수가 도입되고, 노무현 정부 시절이었던 2005학년도부터 수능이 완전한 상대 평가 체제로 바뀌었습니다. 수능 성적표에 더 이상 원점수는 표기되지 않고 상대 평가 지수인 백분위, 등급, 표준 점수만 표기되기 시작한 겁니다. 노무현 정부는 왜 전면적인 상대 평가를 도입했을까요?

이기정 사회 탐구 영역과 과학 탐구 영역에서의 과목별 난이도에 따른 선택의 형평성 때문이겠지요.

이현 맞습니다. 7차 교육 과정이 최초로 적용된 수능이 2005학년도 수능인데, 이때부터 사회 탐구 11과목, 과학 탐구 8과목 중에서 4과목을 선택해서 시험을 보도록 했습니다. 이렇게 되니까 학생들마다 선택한 과목들이 서로 달라지게 됩니다. 그런데 어떤 과목은 쉽고, 다른 과목은 어려울 수도 있잖아요? 이 때문에 어떤 과목을 선택했느냐에 따라 유불리가 생기게 됩니다.

이기정 수험생의 입장에서는 어떤 과목을 선택하는지가 시험을 잘 보는 것만큼 중요한 일이 되었죠.

이현 어떤 학생은 「사회 문화」를 선택했고, 다른 학생은 「세계사」를 선택했다고 생각해 봅시다. 그리고 두 학생이 모두 수능에서 각각 원점수 40점을 받았다고 가정해 보지요. 그런데 「사회 문화」는 문제가 아주 쉬워서 40점 이상 받은 학생의 비율이 높고, 반대로 「세계사」는 문제가 아주 어려워서 40점 이상 받은 학생의 비율이 낮다고 생각해 보자고요. 이런 경우 원점수 40점은 동일하지만, 어려웠던 「세계사」 점수를 더 높다고 인정해야 올바른 평가가 아니냐는 문제가 제기됩니다. 그렇다면 이 문제를 해결하는 방법이 뭐냐? 그래서 도입된 것이 상대 지수인 백분위 점수와 표준 점수입니다. '원점수만 가지고 평가하는 것은 불공평하니, 그 점수가 집단 내에서 어떤 의미를 갖는지를 비교해서 평가하자.' 이런 취지에서 도입했던 것이 상대 평가제이지요.

이기정 학생들이 서로 다른 과목을 선택해서 시험을 보기 때문에 원점수의 비교만으로 공정한 평가가 어렵다는 문제가 제기되었다, 그래서 상대적인 척도를 도입하게 되었다는 말씀이지요? 그런데 아까 초창기 수능이나 학력고사도 절대 평가였다고 말씀하셨잖아요?

이현 1998학년도 수능까지는 성적표에 과목별 원점수와 그 원점수의 합산 점수를 그대로 표시해 주었어요. 말씀드린 대로 그 과목별 원점수가 해당 학생이 교육 목표를 성취한 정도를 보여 주는 절대 평가 점수인 겁니다. 학력고사에서도 과목별로 절대 평가 원점수와 그 합산 점수를 보여 주었습니다.

이기정 오로지 원점수만을 제공했다는 의미에서 절대 평가란 얘기죠?

이현 네, 그럼요. 이 이야기를 하는 이유는 수능 절대 평가를 주장하시는 분들이 절대 평가가 굉장히 교육적인 것처럼 이야기하는 경향이 있기 때문입니다. 그분들은 첫째, 상대 평가는 남하고 경쟁을 해야 되니 다른 학생을 이기려고 하는 비인간적인 무한 경쟁으로 애들을 몰아넣는다고 주장하세요. 둘째, 그러다 보니 한 문제도 안 틀려야 된다는 압박감 때문에 학습 부담이 가중되고, 이래서 사교육비 지출이 더 심해진다는 논리를 내세우지요. 그런데 그 논리가 타당하다면 과거에 절대 평가를 했을 때는 다른 학생과의 경쟁이 적거나 없었어야 했겠죠? 그리고 한 문제도 안 틀려야 한다는 압박감도 없거나 적었어야 했겠죠? 실제로 과거에 절대 평가를 할 때의 수험생들이 그랬다면 지금 수능 절대 평가를 주장하는 것도 설득력이 있을 겁니다. 그런데 절대 평가로 진행된 학력고사나 초기 수능에서 과연 그랬나요? 그렇지 않았잖아요?

수능 절대 평가 주장의 핵심은 '수능으로 뽑지 말라는 것'

이기정 그런데 절대 평가를 주장하는 분들이 그걸 모르고 주장하는 것 같지만은 않습니다. 원점수만 제공하는 제도가 학문적 차원에서 볼 때 절대 평가라 할지라도 학생들이 느낄 때는 상대 평가제와 다를 바가 없으니까 편의상 상대 평가라 칭하는 것 같습니다. 물론 소장님 말씀대로 수능 절대 평가의 개념에 대한 정확한 이해가 필요하긴 합니다. 아무튼 소장님 주장은 수능이 절대 평가로 돼도 치열한 입시 경쟁의 문제를 해결하지 못한다는 건데요.

이현 그 이유는 간단합니다. 학력고사나 초기의 수능은 모두 선발 시험이기 때문이지요. 선발 시험에서는 합격자와 불합격자를 판정하기 위해서 수험생들의 성적을 비교해야 하지요. 그래서 어떤 학생의 시험 성적 원점수는 절대 평가 점수이지만 이렇게 서로 비교하는 순간, 그 절대 평가 점수는 상대적인 점수로 변환되어 작용합니다. 예를 들면 340점 만점의 학력고사에서 어떤 학생이 280점을 받았다고 생각해 보지요. 이 점수는 그 학생의 절대 평가 점수의 합입니다. 그러나 이 성적으로 특정 대학과 학과에 지원해서 합격과 불합격으로 나뉘는 순간, 그 점수는 해당 대학의 학과에 지원한 학생들 중에 '몇 등'이라는 상대적 지수로 작용합니다. 그렇기 때문에 초기 수능이나 학력고사가 절대 평가일 때도 1점이라도 더 올리기 위한 경쟁이 치열할 수밖에 없었던 겁니다.

이기정 앞에서도 말씀드렸듯이 절대 평가라 하더라도 등급이 수십 수백 등급으로 세분화되면 학생과 국민은 그것을 상대 평가로 인식합니다. 그러니까 절대 평가제를 주장하는 분들이 원점수제가 절대 평가라는 것을 모르는 것이 아니라 국민의 이러한 현실적 인식을 존중하는 것이라 봐야지요. 그러니까 이분들에게 중요한 것은 엄밀히 말하면 등급의 개수입니다. 그래서 수능 절대 평가를 주장하는 분들 중에는 9등급이 아닌 7등급이나 5등급을 주장하는 분들도 있지요. 수능을 자격 고사로 전환하자고 주장하는 분들도 적지 않은데, 이것은 엄밀히 말하면 수능을 2등급 질대 평가제로 하자는 말과 같고요.

그러나 등급의 개수를 떠나 절대 평가로 하든 상대 평가로 하든 어차피 지원자 선발 단계에서는 합격과 불합격을 둘러싼 경쟁이 일어날 수밖에 없다는 소장님 말씀은 현실을 제대로 간파한 것 같습니다. 소장님 말씀을 단도직입적으로 정리하면, '절대 평가든 상대 평가든 입시 경쟁 그 자체를 완화하는 데에는 아무런 역할도 하지 못한다.'기 되겠네요.

이현 그렇지요. 지금 수능 절대 평가를 주장하는 분들은 모두 9등급 절대 평가를 주장해요. 마치 절대 평가는 9등급으로 하는 평가만 있는 것처럼.

이기정 세밀한 줄 세우기가 아니라 조금 '듬성듬성한 줄 세우기'를 하자는 거죠.

이현 · 이기정

이현 바로 그 점이 작금의 수능 절대 평가 논란의 핵심입니다. 수능 절대 평가를 주장하시는 분들이 정말로 주장하고 싶어 하는 것은 절대 평가 자체가 아니에요. 수능 성적으로 변별하는 것을 '듬성듬성하게 하자.'는 것이지요. 그러니까 이분들의 입장에서 보면 사실 반드시 절대 평가가 아니어도 돼요. 상대 평가를 해도 듬성듬성하면 되는 거니까요.

이기정 결국 논란의 핵심은 '절대 평가냐, 상대 평가냐?'가 아니라, 수능 시험으로 '변별력을 크게 취할 것이냐, 약하게 취할 것이냐?'란 말씀이지요?

이현 그렇습니다. 그러면서 절대 평가를 주장하는 분들이 변별력에 대한 혐오감을 유포합니다. '한 줄 세우기다.', '촘촘한 줄 세우기다.' 비난하면서 이 변별력에 대한 혐오감을 오랫동안 유포해 왔어요.

이기정 '줄 세우기'는 부정적 용어고 중립적 용어로는 '순위 정하기'라고 하는 게 맞지요.(웃음)

이현 학생들을 성적 중심으로 줄 세우기 하는 것에 대한 교육자로서의 거부감이나 혐오감은 충분히 이해합니다. 내가 가르치는 우리 반 아이들을 성적만 가지고 평가하고 순위를 정해서 대접해 주는 현실, 그래서 성적이 높은 애들은 대접을 잘 받고 낮은 애들은 천대받는 현실. 이런 현실에 대해 교육자로서 거부감과 혐오감을 갖는 건 어쩌면 당연한 일일 수도 있지요. 그러나 선발 시험은 다른 차원의 문제입니다. '선발한다는 것은 곧 변별한다는 것'이거든요. 누군가는 합격시키고 다른 누군가는 불합격시키기 위해서는 반드시 구분해야 될 것 아니겠습니까? 그 구별이 바로 변별인 겁니다.

이기정 그러니까 교육적으로 잔인하든 어쨌든 그것이 선발 시험의 운명이라는 이야기지요? 결코 피할 수 없는….

이현 그런데 수능 절대 평가를 해서 9등급으로 듬성듬성 변별하자고 주장하니, 당연히 '그러면 수능으로 선발을 못하지 않나?' 이런 질문이 나오게 되지요. 이른바 'SKY' 대학의 정시 정원이 3,000명도 안 되는데, 수능 전 과목에서 1등급을 받은 학생이 수천 명이 된다면, 도대체 어떻게 선발할 것이냐는 질문이 제기되는 건 당연한 것 아니겠습니까?

이기정 수능 하나만으로는 해결이 안 되니까 '수능+내신' 또는 '수능+면접' 또는 '수능+대학별 고사' 등이 대안으로 제시될 수밖에 없겠지요.

이현 '수능+α'라는 식으로 그 뒤에 뭐가 붙어야 되는 이유가 무엇이

● 2018학년도 정시 일반 전형 기준 모집 인원은 서울대 860명, 연세대 1,324명, 고려대 802명이다.

이현 · 이기정

겠습니까? 변별하기 위해서 아니겠어요? 그래야 선발을 할 수 있으니까요. 그런데 수능 점수로는 변별이 안 되잖아요? 그럼 결국 뒤에 붙은 α가 당락을 결정하게 됩니다. 그러니까 결국 수능 절대 평가를 주장하는 분들이 진짜 말하고 싶어 하는 건 '수능으로 뽑지 말고 다른 것으로 변별하라.'는 겁니다.

이기정 그러니까 결국 '수능의 역할을 축소할 것인가, 수능의 역할을 유지 또는 확대할 것인가?'가 본질적인 쟁점이라는 말씀이군요. 절대 평가제를 주장하는 사람들은 수능의 역할을 축소하자고 말하는 것이고, 상대 평가제를 주장하는 사람들은 수능의 역할을 유지하거나 확대하자고 말하는 것과 마찬가지니까요.

이현　그래서 저는 수능 절대 평가를 주장하는 분들에게 늘 이야기해요. "솔직하게 이야기하자. 절대 평가라는 교육적 미사여구를 들먹이지 말고, 수능으로 뽑지 말자고 대놓고 이야기해라."라고요.

이기정　또는 대입에서 수능의 비중을 축소하자고 말하던가요.(웃음)

수능 절대 평가의 전사(前史)는 노무현 정부의 '수능 등급제'

이현　지금 수능 절대 평가를 주장하는 많은 분들이 사실 노무현 정부 시절에도 같은 종류의 주장을 한 일이 있어요. 그때는 '등급제 수능' 혹은 '수능 등급제'라고 불렸지요. 이렇게 보면 수능 절대 평가 주장은 과거 '수능 등급제'의 리메이크 버전입니다.

이기정　그 당시 등급제는 상대 평가 등급제였지요. 90점 이상이면 1등급, 80점 이상이면 2등급…. 이런 방식의 절대 평가 등급제가 아니라 최상위 4%는 1등급, 그다음 7%는 2등급…. 이런 식의 상대 평가 등급제였지요.

이현　그러나 수능 등급제도 역시 수능의 변별력을 듬성듬성하게 하자는 것이 진짜 목적이었으니까요. 그래서 원점수, 표준 점수, 백분위는 일체 안 보여 주고 9개의 등급만 보여 주었지요. 그러면서 이렇게 듬성듬성 평가하면 수능에 대한 학습 부담도 줄고 경쟁도 완화된다고 지금과 똑같이 주장했었어요.

이기정 그런데 실제로는 학습 부담도 안 줄고, 경쟁도 안 줄었지요.

이현 예를 들어, 수학 영역에서 1등급을 받을 수 있을지 확신할 수 없는 학생들이 있어요. 이 친구들이 어떻게 수능 시험에 대해 부담을 갖지 않을 수 있을까요? 삐끗하면 2등급 혹은 3등급이 될 수 있는데? 최상위권 대학을 목표로 한다면 2등급을 받는 순간 이건 망하는 건데? 결국 이 친구들은 수능에서 절대 자유로울 수 없지요.

  또 다른 문제는 이런 겁니다. 수능 수학 영역 1등급 커트라인의 원점수가 89점이라고 해 보지요. 그럼 100점부터 89점까지 1등급이 되는 겁니다. 그런데 88점 받은 학생도 있겠지요? 이 친구는 2등급이 되어 버리는 겁니다.

이기정 1점 차이로 천당과 지옥이 갈리게 되는 것이지요.

이현 원점수 100점 만점일 때는 한 과목에서 몇 점 떨어져도 다른 과목에서 그 점수를 회복할 여지가 있습니다. 하지만 등급제에서는 한 등급의 차이를 만회하는 게 어려워요. 한 과목에서 등급이 9개 밖에 없으니까요. 그런데 한 과목에서 2등급을 받는 순간 상위권 대학에 명함 내밀기가 어려워지게 되지요. 이 선생님 말씀대로 천당과 지옥이 갈리게 되는 겁니다. 이건 '100점 받은 학생과 89점 받은 학생은 똑같은 실력을 갖춘 학생이다. 하지만 89점 받은 학생과 88점 받은 학생은 진짜 실력이 다른 학생이다.'라고 주장하는 셈이에요. 이런 주장을 학생들이나 학부모들이 어떻게 받아들일 수 있겠어요?

이기정 2018학년도 수능 시험에 처음 도입된 영어 절대 평가제에서는 100점과 90점이 동일한 1등급이지요. 그런데 90점보다 1점이 적은 89점은 2등급입니다. 어떤 경우엔 10점이나 차이가 나는데 동일한 등급이 되고, 또 어떤 경우엔 1점밖에 차이가 나지 않는데 완전히 다른 등급이 되는 거죠.

이현 거기다 더 큰 문제는요, 수능에 60만 명이 응시했을 때 상위 4%는 2만 4천 명입니다. 물론 전 과목에서 1등급을 받은 학생은 그보다 수가 훨씬 줄지만 그래도 수천 명이 나옵니다. 그래서 수능 점수만 가지고는 변별이 안 되는 거예요. 등급이 똑같은 애들이 넘치니까요. 결국 '플러스알파'가 필요해져요.

이기정 그래서 상위권 대학에서는 논술 시험을 도입할 수밖에 없는 상황이 됐지요.

이현 네, 결국 노무현 정부 때가 논술을 보는 대학의 수가 사상 최대로 많았지요. 그래서 결과적으로 논술 사교육 시장을 최대치로 팽창시켰습니다.

이기정 그렇다고 수능을 대비하는 사교육이 크게 줄어든 것도 아니고요.

이현 수능 사교육 시장은 줄이지 못하고 논술 사교육은 대박이 났고.

거기다가 노무현 정부 때는 내신의 비중을 더 높이라고 이야기했었지요? 그때 소위 '죽음의 트라이앵글'이 만들어졌지요.

이기정 수능의 입시 변별력이 약화되니까 할 수 없이 그 변별력을 논술과 내신에서 찾게 되었지요. 그러다 보니 학생들은 세 개의 시험 부담을 짊어지게 되었고요.

이현 그랬지요. 그런데 노무현 대통령께서 입시 제도에 대해서 연구를 하실 기회가 있었겠어요?

이기정 사실 대통령이 입시에 대해 자세히 알아야 하는 것은 아니니까요.

이현 결국 교육 분야에서 진보적이라고 알려진 분들의 주장을 수용할 수밖에 없었을 텐데요. 그분들이 '주장과 선언' 그리고 '표어'를 가지고 있었을지 몰라도, 그것이 정책화될 때 어떤 문제점을 가져오는지에 대해서는 세밀한 고민이나 연구를 해 보지 않았던 것 같아요.

이기정 그러니까 노무현 정부 때의 수능 등급제가 결국 비합리적인 대입 제도로 귀착되면서 많은 부작용을 만들어 냈다고 평가하시는 거죠?

이현 그렇게 듬성듬성 변별하는 수능을 만들어서 고교의 수업 방식이 교육적으로 변하고, 학생들의 학습 태도나 삶에 대한 태도가 크게 변화했을까요? 전혀 그렇지 않지요? 그분들이 한 일이 있다면, 설득력 없는 정책을 도입해 부작용을 양산해서, 결국 노무현 정부에 대한 신뢰를 무너뜨리는 데 기여한 것입니다.

이기정   그래서 결국 수능 등급제는 1년만 하고 폐지되었지요.

이현   네, 이명박 정부가 들어서면서 단칼에 폐지되었고, 어떤 반대에도 부딪히지 않았어요. 수능 등급제를 주장하던 분들이 이명박 정부의 폐지 정책에 반대했다는 말을 들어 본 적이 없습니다.

이기정   그렇다면 지금의 수능 절대 평가제 주장도 그때와 다른 게 없다는 말씀이신가요?

이현   네, 노무현 정부 시절 그 주장을 했던 분들이 지금은 '수능 절대 평가 9등급제'를 주장하면서 이 정책을 문재인 정부에게 들이밀고 있는 거죠.

수능 절대 평가 효과는 영어 교사에게 물어보라

이기정   2018학년도 수능 시험에서부터 영어 과목을 절대 평가로 시행했습니다. 9등급 절대 평가이지요. 수험생들은 고등학교 1학년 때부터 수능 절대 평가를 대비한 교육 과정 속에서 수업을 했지요.

이현 수능 영어 절대 평가를 도입하면서 교육부가 내놓은 보도 자료에는, "학생과 학교 현장의 무의미한 경쟁과 학습 부담을 경감시킴으로써, 의사소통 중심의 수업 활성화 등 학생들의 실제 영어 능력을 향상시키는 방향으로 학교 영어 교육이 정상화되는 계기를 마련하기 위함"이라고 절대 평가 도입의 취지를 밝혔어요.

이기정 또 영어 사교육비 부담에 따른 조치라고도 했지요.

이현 그렇지요. 사교육비 경감도 배경에 있었지요. 그러면 지난 3년 동안 영어 절대 평가에 맞춘 공부를 하였으니, 고등학교에서 의사소통 중심의 영어 수업이 활성화됐어야겠지요?

이기정 주장대로라면 그랬어야 하지요. 제가 만나는 영어 교사들마다 물어봤습니다. (2017년 11월에 수능을 치른) 현재의 고3은 1학년 때부터 수능 영어 절대 평가의 교육 과정 또는 제도에 따라 공부했는데 영어 수업이 얼마나 많이 변했냐고요. 안타깝게도 의미 있는 정도로 변했다는 말을 거의 들어 보지 못했어요. 영어 교사가 아닌 다른 교사들에게도 물어봤어요. 혹시 수능 영어 절대 평가 때문에 영어 수업이 변했다는 얘기를 들어 봤냐고요. 대부분 그런 얘기를 들어 보지 못했다고 합니다. 그러니까 제가 참 이상하게 생각하는 것은 2017년

● 2014년 12월 26일에 교육부에서 발표한 보도 자료 「대학 수학 능력 시험 영어 영역 절대 평가 도입」을 인용하였다.

에 '수능 절대 평가냐, 상대 평가냐?' 논쟁이 벌어졌을 때, 왜 영어 교사들한테 학교 수업에서 일어나고 있는 실제 상황을 진지하게 물어보지 않았는가 하는 점입니다.

이현 좋은 지적이라고 생각합니다. 그런데 교육부는 지금도 안 물어봅니다. 그분들은 현실의 실제 상황이 어떤지 확인해 보려고 하지 않아요. 아까 과거의 수능이나 학력고사가 절대 평가였다고 이야기했잖아요. 교육부는 과거도 보지 않고, 현실도 보려고 하지 않는 거죠.

이기정 다만 영어 사교육은 좀 줄었다는 게 대체적인 판단입니다. 영어 사교육이 다른 과목 사교육으로 이전하는 '풍선 효과'가 나타났기 때문일 수도 있지만요. 일부 학생의 영어 학습 부담도 좀 줄어들었다고 판단됩니다. 물론 그 부담이 다른 과목으로 이전됐기 때문일 수도 있고요.

이현 그래서 입시를 절대 평가로 전환하기만 하면 학교 교육이 획기적으로 달라질 것이라는 '환상'에서 벗어나야 합니다.

수능은 단순 암기식 문제다?

이기정 무려 25년 동안 수능이 존재해 오지 않았습니까? 대부분의 기간 동안 대학 입시의 대세 역할을 했지요. 그런데 최근 수능의 비중이 급격히 축소되고 있습니다. 상위권 대학의 경우 그 빈 공간을 학종이 차지하고 있지요. 그런데 우리는 조금 더 냉철하게 따져 봐야 하거든요. 수능에 많은 문제점이 있는 것도 맞고, 수능 때문에 많은 사람들이 고통을 겪은 것도 맞지만, 그럼 수능을 대신해서 들여올 '그것'은 수능보다 훨씬 더 좋은 것이냐? 이걸 따져 봐야 할 것 같습니다.

이현 그럼요. 당연히 그런 검토가 있어야지요.

이기정 먼저, 수능에 대한 가장 큰 불만 중 하나가 수능이 주입식, 암기식 교육을 유발한다는 것이거든요. 그게 어떻게 보면 맞는 이야기고 어떻게 보면 틀린 이야기인데, 어떻게 생각하십니까?

이현 '수능이 단순 암기식 문제다.', 이런 주장을 하는 사람들은 과연 수능 문제를 제대로 살펴보셨는지 모르겠어요. 이기정 선생님이 국어 선생님이시니까 수능 국어 문제를 예로 들어 보지요. 수능 국어에는 비문학 문제들이 있습니다. 인문, 사회, 과학, 기술, 예술 분야의 다양한 글들이 제시문으로 주어지지 않습니까? 그리고 이 글들을 읽어서 이해하고, 추론하고, 비판적으로 적용할 능력을 묻는 문제가 출제됩니다. 당연히 학생들은 그 글들을 이전에 읽어 본 적이 없고요. 이런 문제를 도대체 어떻게 단순하게 암기해서 해결할 수 있겠습니까?

사회 탐구나 과학 탐구 영역도 마찬가지입니다. 지금도 사회, 과학을 암기 과목이라고 말하시는 분들이 있어요. 그런데 제가 사회 탐구 스타 강사였지 않습니까?(웃음)

이기정 시험에 나올 암기할 것을 다 찍어 줘서 스타 강사가 되셨나요?(웃음)

이현 그랬다면 제가 스타 강사가 되는 건 불가능했을 겁니다. 암기식 수업을 했다면 저한테 윤리 수업을 들은 학생들의 성적도 오르지 않았겠지요. 수능 윤리 문제는 여러 사상가들의 이념과 논리를 이해하지 못하면 풀 수 없게 출제됩니다. 그러니까 수능이 단순 암기식이라고 말하시는 분들은 사실 지금의 수능 문제를 보고 이야기하는 것이 아니라, 옛날에 그분들이 보셨던 학력고사 시험 문제를 수능 문제라고 상상하면서 주장하시는 거죠. 게다가 만약에 수능이 단순 암기식이라면 공교육이 사교육에 밀릴 이유가 없었을 겁니다.

이기정 단순 암기식 시험이라면 암기할 게 뻔히 정해져 있기 때문에 굳이 학원에 갈 필요가 없다는 말씀이시죠?

이현 예, 그렇습니다. 왜 애들이 학교에서는 수업을 안 듣고 학원에 가서 수업을 듣겠습니까? 학원에 가서 공부하면 '단순 암기'가 더 잘되나요?

이기정 일단 국어 교사로서 국어 영역에 대해서만 이야기하자면 수능이 단순 암기식 시험이 아니라는 것은 100% 진실입니다. 어떤 지식을 암기해야만 풀 수 있는 문제는 수능 국어 영역에 하나도 없어요. 물론 문법 문제의 경우에는 관련 문법 지식을 암기하고 있으면 정답을 찾는 데 큰 도움이 되겠지요. 그러나 그러한 문제조차도 대부분 문법 지식 없이 지문에 나온 내용을 활용해서 풀 수 있게 출제되어 있습니다.

이현 지금 선생님께서 말씀하신 이런 사실을 잘 모르면서 수능은 단순 암기식이다 운운하는 것이지요.

이기정 하지만 수능은 오지선다형 객관식 문제들입니다. 깊이 있는 사고력과 논리력을 필요로 하는 논술형 시험의 기준에서 보면 수능 시험이 저차원적인 것은 사실 아닙니까?

이현 저는 객관식 문항 시험은 한계가 있다는 지적 자체에는 동의해요. 객관식 선다형 문제의 약점이 확실히 있지요. 하지만 그러한 약점이 있다는 지적과 수능 문제가 단순 암기식이라는 지적은 다른 차원의 문제입니다. 수능 성적이 아이들의 잠재적인 학업 능력 전부를 드러낼 수 있다고 믿는 사람은 아무도 없습니다. 그러나 적어도 수능 성적이 학생이 고등학교 교육 과정에서 다루는 중요한 주제와 개념들 그리고 글을 읽어 내는 능력을 얼마나 잘 학습했는지를 보여 주는 중요한 지표가 된다는 건 인정해야 합니다.

이기정 그러니까 수능 성적은 학생이 고등학교에서 공부를 얼마나 열심히 했는지, 또 얼마나 잘했는지 보여 주는 하나의 중요한 지표라는 말씀이시죠?

이현   그렇지요. 불과 몇 년 전까지만 해도 최상위권 대학들에서는 수능 성적이 높은 학생을 유치하기 위해 치열하게 경쟁했었습니다. 수능 성적이 높은 것이 뛰어난 학생의 중요한 지표가 아니라면 지난 20여 년간 대학은 왜 그런 학생들을 뽑으려고 경쟁했을까요? 그리고 그동안 높은 수능 성적으로 대학에 합격한 학생들이 실제로는 뛰어나지 않은 학생들이었던가요? 저는 그렇지 않다고 생각합니다.

수능은 일반고에게 불리하다?

이기정   수능의 문제를 지적하는 분들 중에는 수능 시험이 잘사는 계층의 아이들, 즉 특목고나 자사고 학생들에게 유리한 시험이라고 이야기하는 분들도 많이 있습니다.

이현   그런 주장을 하는 분들이 있지요. 수능은 특목고나 자사고 학생들에게 유리하기 때문에 수능을 확대해서는 안 된다고 주장하고, 이에 반해서 학종이 일반고 학생들에게 더 많은 기회를 줄 수 있다고 주장하지요.

이기정   이런 현상이 일부 교사들한테는 경험으로 확인되는 측면도 있어요. 즉, 어느 일반고에서 수능 전형으로는 서울대에 한 명도 못 갔었는데 학종으로는 서울대에 가는 경우가 생기는, 그런 경험 말입니다.

이현 결론부터 말씀드리면 그것은 근거 없는 잘못된 이야기입니다.

이기정 이런 개개인의 경험이 있음에도 불구하고 데이터나 통계상으로는 그렇지 않다는 이야기인가요?

이현 수능이 일반고 학생에게 더 유리하다거나 불리하다고 말하기 위해서는 우선 특목고나 자사고 학생들에 비해서 그렇다고 말해야 의미가 있는 주장이 되겠지요? 어떤 일반고가 다른 일반고보다 좋은 결과를 냈다는 건 의미 없을 테니까요.

이기정 지역 차이도 중요하긴 하지만 일단은 그렇게 봐야지요.

이현 이 이야기를 하려면 서울대, 연세대, 고려대를 포함한 최상위권 대학들의 학종과 수능 선발 결과가 어떠한지 비교해 봐야 합니다.

이기정 왜 최상위권 대학들을 중심으로 살펴봐야 한다는 거죠?

이현 현재 특목고와 자사고에 재학 중인 고3 학생들이 약 1만 6,000명입니다. 우리나라에서 소위 상위권이라는 서울대, 연세대, 고려대, 서강대, 성균관대, 한양대, 포항공대의 모집 정원만 합쳐도 약 2만 명입

● 2017년 4월 1일 기준, 특목고와 자사고에 재학 중인 고3 학생은 16,103명이다.(출처: 한국교육개발원, 「2017년 유·초·중등 교육 통계 학교별 주요 현황(2017. 12.)」)

니다. 카이스트와 의·치·한의대를 합치면 더 많겠죠. 당연히 특목고나 자사고 학생들은 그 외의 대학에 별로 가고 싶어 하지 않아요. 따라서 수능이 일반고에게 유리하냐 특목고와 자사고에게 유리하냐를 이야기하려면 특목고와 자사고 학생들이 가려고 하고, 또 실제로 그 학생들이 많이 들어가는 최상위권 대학의 입시 결과가 어떠냐를 봐야 하는 거죠.

이기정　그러면 이들 최상위권 대학들에서 학종이 수능보다 일반고에게 불리하다는 건가요? 그래서 '수능이 일반고에게 불리하다.'는 주장이 잘못되었다는 건가요?

이현　그렇습니다. 중위권 이하 대학에 어떤 일반고 학생이 수능보다 학종으로 많이 합격했다고 해서 학종 때문에 일반고가 대입에 더 유리해졌다고 말하는 건 웃기는 이야기지요. 애당초 그 자리는 특목고나 자사고 학생들이 갈 자리가 아니라 다른 일반고 학생이 합격할 자리였으니까요.

이기정　그러면 최상위권 대학들의 실제 결과는 어떤가요?

● 2019학년도 대학별 신입생 모집 인원은 서울대 3,357명, 연세대(서울) 3,616명, 고려대(서울) 4,160명, 서강대 1,707명, 성균관대 3,613명, 한양대(서울) 3,191명, 포항공대 336명이다.(출처: 한국대학교육협의회, 「2019학년도 대학 입학 시행 계획 주요 사항(2017. 4. 28.)」)

이현 서울대는 수시에서 전체 모집 인원의 약 75%를 선발합니다. 그중 수시 일반 전형이 서울대를 대표하는 전형적인 학종이에요. 이 전형으로 전체 모집 인원의 50%를 뽑습니다. 그런데 이 전형의 합격자 분포가 어떤지 아십니까?

이기정 특목고와 자사고 출신이 매우 많지요.

이현 합격자의 약 63%가 특목고와 자사고 출신이에요. 일반고 출신은 약 35%밖에 되지 않습니다.

이기정 수능으로 선발할 때는 일반고 출신 합격자 비율이 그보다 더 높다는 말씀인가요?

이현 서울대 정시는 100% 수능으로 선발해요. 근데 정시에서는 일반고 출신 합격자가 59.3%예요. 반면에 특목고와 자사고 출신 합격

● 2018학년도에 서울대는 수시 모집으로 2,572명, 정시 모집으로 867명을 선발하였다. 이 중 수시 일반 전형으로 선발된 인원은 1,742명이다.(출처: 서울대 보도 자료 「2018학년도 서울대학교 수시 모집 선발 결과(2017. 12. 21.)」, 「2018학년도 서울대학교 정시 모집 선발 결과(2018. 1. 29.)」)

●● 2018학년도 서울대 수시 일반 전형의 고교 유형별 현황

일반고/자공고	자사고/과학고/영재고/외국어고/ 국제고/예술고/체육고	특성화고/검정고시/ 기타	계
620명(35.6%)	1,095명(62.9%)	27명(1.5%)	1,742명

– 출처: 서울대, 「2018학년도 서울대학교 수시 모집 선발 결과(2017. 12. 21.)」

자는 39.2%입니다. 도대체 어떤 근거로 수능이 일반고에게 더 불리하다는 주장을 하는 걸까요?

이기정　소장님의 주장은 근거가 확실한 거죠?(웃음)

이현　하하, 제가 지금 말씀드린 건 서울대에서 발표한 「2018학년도 서울대학교 선발 결과」 보도 자료에 나온 그대로입니다.

학종이 일반고에게 유리하다?

이기정　서울대 수시인 지역 균형 선발 전형(이하 지균)의 합격자 비율은 일반고 학생이 특목고나 자사고 학생보다 훨씬 더 높지요. 그래서 평범한 일반고의 교사들이 학종으로 인해 자기 학교에서 서울대에 진학할 기회가 많아졌다고 주장하는 것은 주로 이 전형을 통한 진학을 말하는 것이고요.

이현　서울대 지균에서는 일반고 합격자가 압도적으로 많지요. 약 94%가 일반고 합격자예요. 그러니까 서울대 지균 합격자의 절대 다

● 2018학년도 서울대 정시 일반 전형의 고교 유형별 현황

일반고/자공고	자사고/과학고/영재고/외국어고/ 국제고/예술고/체육고	특성화고/검정고시/ 기타	계
510명(59.3%)	337명(39.2%)	13명(1.5%)	860명

－ 출처: 서울대, 「2018학년도 서울대학교 정시 모집 선발 결과(2018. 1. 29.)」

수가 일반고 출신이지요.

이기정 지균 때문에 일반고에서 서울대 수시에 합격할 기회가 늘어난 것은 분명하군요.

이현 서울대는 그렇게 주장합니다. 지균 합격 결과를 바탕으로 서울대가 학종을 통해 일반고를 무척 배려하고 있다는 식으로요. 하지만 이런 주장은 좀 심하게 말하면 '구라'입니다.(웃음) 서울대 지균은 학종으로 바뀌기 전부터 있었어요.

이기정 네, 이전부터 있었지요. 그리고 이전에는 지균이 학종 방식의 선발이 아니었지요.

이현 이전의 지균에서는 1단계에서 내신 성적 100%로 일정 배수를 선발하고, 2단계에서 면접을 통해 최종 선발했습니다. 그런데 그때에는 합격자의 99%가 일반고 학생이었습니다. 일반고 출신 학생이 특목고나 자사고 출신 학생보다 내신에서 월등하게 유리했기 때문이지요. 그런데 현재 지균 합격자의 94%가 일반고 학생이라는 사실은 과거보다 일반고의 합격자 비율이 더 줄었다는 것을 의미합니다. 서울대가 일반고를 더 배려한 결과가 아니라는 말입니다. 그 원인은 지균에 학종의 선발 방식을 적용했기 때문이지요.

이기정 학종을 적용하고 난 후에 지균에서는 일반고 학생들의 합격자 비율이 오히려 줄었다는 것이죠? 그렇다면 일반고 교사들이 학종 덕분에 자기 학교에서도 서울대에 학생을 보낼 수 있는 길이 열렸다고 생각하는 이유는 무엇일까요?

이현　그럼에도 불구하고 서울대 지균 합격자 분포를 보면 일반고 출신이 여전히 압도적입니다. 그러니까 서울대 지균의 합격자 자리는 특목고나 자사고 학생들과 경쟁하는 자리가 아닙니다. 어차피 일반고 학생들이 이 전형으로 서울대에 합격하게 되니까요. 따라서 어떤 일반고에서 지균으로 서울대 합격자를 배출했다는 건 다른 일반고에서 서울대 합격자를 배출하지 못했다는 걸 의미하는 거지, '학종이 일반고에게 유리하다.'는 주장의 근거가 될 수는 없습니다.

이기정　다른 상위권 대학들에서도 학종이 일반고보다 특목고와 자사고에 유리하다는 결과가 나왔나요?

이현　2015~17학년도 성균관대와 서강대의 합격자 결과를 볼게요.

● 서울 시내 주요 사립대 입학생 전형별 출신 고교 비교(2015~2017학년도)

대학	출신 고교	학종	논술	실기	수능
성균관대	일반고/자공고	58.7%	62.2%	39.1%	64.5%
	특목고/자사고	39.1%	36%	53.6%	32.7%
서강대	일반고/자공고	43.4%	56.7%	10.7%	63.1%
	특목고/자사고	55.9%	42.4%	82.7%	34%

– 출처: 김현, 「통계로 살펴보는 서울 10개 대학 학생부 종합 전형 3년의 성과(2017. 4. 12.)」

성균관대의 경우 특목고와 자사고 출신 합격자가 수시 학종에서는 39.1%를 차지하는 데 비해 정시에서는 32.7%밖에 안 됩니다. 서강대는 훨씬 더 심각한 불균형을 보여 줍니다. 특목고와 자사고 출신이 수시 학종 합격자의 55.9%를 차지하는 반면, 정시에서는 합격자의 34%밖에 되지 않지요.

이기정 결국 최상위권 대학들의 실제 합격자 비율을 놓고 보면, 수능보다 학종이 오히려 일반고에게 더 불리한 입시라는 결과네요.

이현 그렇습니다. 그러니까 '학종이 일반고에게 유리하다'는 주장, '수능은 일반고에게 불리하다'는 주장은 전혀 근거가 없는 이야기죠. 오히려 실제 객관적인 자료가 보여 주는 결과는 그 반대니까요.

이기정 학종을 통한 합격자를 보면 특목고와 자사고 학생이 많다는 결과인데요. 특목고와 자사고가 경제적으로 어느 정도는 뒷받침이 되어야 진학할 수 있는 곳 아닙니까? 그렇다면 학종은 이른바 '있는 집안' 학생들에게 유리한 전형이라고 할 수 있겠네요. 그런 의미에서 학종을 '금수저 전형'이라고 말하는 것도 무리는 아니겠어요.

이현 그렇지요. 보통 학종을 '금수저 전형'이라고 이야기할 때는 대개 준비 과정의 측면을 말해요. 일단 준비할 것이 너무 많고, 각각의 항목을 준비하는 데 비용이 많이 들고, 정보도 많이 필요하고, 그만큼 부모의 배경이 영향을 많이 주지요. 그런데 준비 과정에서뿐 아니라,

실제 합격자 결과를 보니 '금수저 전형'인 것이 확인된 것이죠.

이기정 그러면 소장님 이야기대로, 만약에 서울대가 수능으로만 학생을 선발한다면 지금과 같이 학종으로 선발하는 것과 비교해서 일반고 학생의 합격자 비율이 더 늘어날 것이라고 확신하는 건가요?

이현 비슷하거나 조금 늘어날 겁니다.

이기정 비슷하거나 조금 늘어난다면 학종으로 학생을 선발하는 것도 나쁘지는 않을 것 같습니다만.

이현 안 됩니다. 왜냐하면 수능 성적이 낮아서 불합격하는 경우에는 불합격한 학생들이 결과를 납득할 수 있습니다. 자신의 성적이 부족해서 떨어진 것이니까요. 그러나 학종은 서울대에서 구조적으로 60% 이상 특목고와 자사고를 밀어 주고 있어요. 결국 일반고 학생들에게는 처음부터 '보이지 않는 벽'이 쳐져 있는 불공정한 게임이거든요. 애당초부터 이길 수 없는 게임을 하는 것과 잘하면 이길 수도 있는 게임을 하는 것은 완전히 다른 문제이지요.

이기정 학종 자체의 정당성에 문제가 있다는 말씀 같네요.

이현 그렇습니다. 설령 합격자 결과의 분포가 같더라도 그러한 결과가 도출되는 과정의 공정성에 문제가 있기 때문입니다. 또한 과정에

이현·이기정

공정성이 없기 때문에 그 결과를 흔쾌히 받아들일 수도 없지요. '보이지 않는 벽'을 만들어 놓고 불투명하게 선발하는 방식은 과정의 공정성도 보장되지 않고, 그 결과에 대해서도 정당성을 주장하기 어렵습니다. 반면에 수능의 경우에는 동등한 조건에서 경쟁했고, 그 전형 과정이 투명하기 때문에 불합격자조차도 그 결과에 대해서 정당하다고 받아들일 수 있는 겁니다.

학종의 문제는 '주관적 자료'를 '주관적으로 평가'한다는 것

이기정　앞에서 수능과 비교해서 학종에 대해서 이야기해 보았는데요. 이제 학생부 종합 전형, 즉 학종에 대한 이야기를 본격적으로 나누어 보지요.

이현　사실 작금의 입시와 관련한 핵심 쟁점 중 하나가 바로 학종 문제이지요.

이기정　대학마다 차이가 있긴 하지만 학종에서 평가하는 요소들이 보통 많은 게 아닙니다. 흔히들 생각하는 것과 달리 시험을 보는 요소만 해도 4개나 됩니다. 학교 시험 성적(내신), 교내 경시대회 수상 경력, 수능 최저 등급, 구술 면접 고사 등이 있지요. 여기에 시험을 보는 게 아닌 교과 세부 능력 및 특기 사항, 자율 활동, 동아리 활동, 봉사 활동, 진로 활동 특기 사항, 독서 활동 상황 등의 비교과 요소도 있습니다. 그리고 학생부 이외에 자기 소개서와 추천서도 전형 서류에 포함되지요.

　사람마다 학종이 무엇인지에 대한 규정이나 학종에 대한 생각도 다른 것 같아요. 학종을 이야기할 때 단순히 비교과 활동과 자기 소개서, 추천서만 두고 이야기하는 분들도 있어요. 그걸 바탕으로 해서 학종을 옹호하기도 하고 또 비판하기도 합니다.

이현　학종에 대한 이해는 사람마다 다를 수 있습니다. 또 학종에 반영하는 서류의 비중은 대학마다 좀 다를 수 있고요. 하지만 공통적인 점은 학종이 학생부, 자기 소개서 그리고 추천서를 기본적인 전형 서류로 한다는 것이지요. 그런데 그 서류라는 것이 학생부의 정량적인 내신 성적과 수상 경력을 제외하면 교사와 학생의 '주관적인 서술 기록'입니다.

이기정　나쁘게 표현하면 '주관적 서류'이고, 좋게 표현하면 '정성적인 자료'라고 하지요.(웃음)

이현　더 멋있게 포장하면 '질적 자료'라고 이야기하기도 하지요. 그런데 이 자료를 누가 평가하느냐? 입학 사정관이 평가합니다. 입학 사정관은 어떻게 평가하느냐? 짧은 시간에 그 서류들을 죽 읽어 보고 주관적으로 평가하지요. 서류 전형을 통과하고 나면 면접관이 학생을 평가합니다. 면접관은 어떻게 평가하느냐? 짧은 시간에 몇 가지 질문을 하면서 학생에 대해 주관적으로 평가하지요. 바로 이 부분에 학종의 핵심적인 문제점이 있어요. 서류도 주관적이고 평가도 주관적이라는 것. 그래서 학생과 학부모들이 학종의 공정성과 신뢰성에 대해 심각하게 문제 제기를 하는 겁니다.

이기정 학종의 기초 자료인 서류의 진실성도 신뢰하기 어렵지만 그것을 평가하는 과정 또한 신뢰하기 어렵다는 말씀인가요?

이현 학생부 서류가 주관적으로 작성된다는 것은 많은 내용이 '과장'과 '거짓'으로 윤색될 가능성이 매우 높다는 뜻이에요. 더구나 많은 언론에서도 보도되었듯이 실제로 상당수의 학교에서는 아예 학생부에 기록될 내용을 학생들에게 써 오게 하는 일까지 벌어지기도 합니다.

이기정 그 부분에 대해서는 사실 교사로서도 어쩔 수 없는 면이 있습니다. 학종에서 교사들은 모순되는 두 가지 역할을 동시에 수행해야 하기 때문이에요. 한편으로 교사는 심판이 되어야 합니다. 학생을 객관적으로 관찰해서 그것을 학생부에 있는 그대로 기록하려고 노력해야 합니다. 그러나 다른 한편으로 교사는 심판이 아닌 선수입니다. 자신이 가르치는 학생의 합격을 위해 학생과 함께 뛰어야 하는 선수입니다. 교사가 심판 역할에만 충실하면 학생과 학부모에게 욕을 먹기 십상입니다. 교사가 심판자 역할을 포기하고 학생과 함께 달리는 선수가 되면 이번엔 다른 쪽에서 욕을 먹기 십상이고요.

이현 정확한 비유라고 생각되네요. 그래서 저는 학생부의 기록이 과장되고 윤색되거나 심지어는 학생들에게 작성해 오게 하는 것을 두고 선생님들을 비난하기는 어렵다고 생각해요. 선생님들 입장에서 생각해 보면 심각한 압박이 있기 때문이지요. 우리 반 애들 30명이 수업을 받고 있다고 가정해 보자고요. 그중 학생들의 수업 중 활동에 대해 3줄이라도 써 줄 학생이 몇 명이나 될까요? 그렇다고 해서 일부 학생들만 기록하고, 나머지 학생들은 기록하지 않을 수는 없잖아요? 또 아주 정직하게 '이 학생은 하루 종일 잠만 잤다.'고 기록할 수는 없잖아요?(웃음) 그럴 경우 학생과 학부모의 항의도 받아야 하고, 더 중요하게는 내가 내 학생의 대학 진학을 가로막는 것 아닌가 하는 고민도 해야 하고요.

이기정 윤색해서 잘 써 주자니 거짓으로 학생부를 꾸미는 것 아닌가 하는 생각에 괴롭고, 내용을 조금 못 써 주게 되면 학생에게 피해가 갈까 봐 괴롭고. 이래저래 학생부 기록 때문에 교사들도 괴로운 면이 많습니다.

이현 학생부의 기록이 학생의 대입 합격을 좌우할 수 있다는 현실 때문에 과장과 왜곡이 발생한다는 점에서 이건 학종의 구조적인 문제라고 봐야 해요. 거기다가 자기 소개서나 추천서 같은 서류도 마찬가지 문제가 있지요.

이기정 흔히들 자기 소개서를 '자소설'이라고 하지요?(웃음)

이현   학생들이 수시 원서를 6개 대학에 냅니다. 그런데 대학마다 요구하는 인재상이 있대요. 게다가 한 학생이 각 대학마다 꼭 같은 학과에 지원하지는 않잖아요. 그러면 학생은 자신이 지망하는 대학의 인재상과 지원 학과에 맞춰서 6번에 걸쳐서 변신하는 자기 소개서를 써야 합니다.

이기정   예를 들어서 어느 학생이 A대학에는 생명 과학과에 지원하고 B대학에는 화학과에 지원했다면, A대학에 제출하는 자기 소개서에는 자신의 꿈이 생명 과학자라고 쓰고, B대학에 제출하는 자기 소개서에는 자신의 꿈이 화학자였다고 쓰는 거죠.

이현   그런 식으로 자신의 꿈도, 성격도, 삶의 태도도 바뀌는 이 소설을 6장을 쓰고 있어야 되는 겁니다.

이기정   그래서 '자소설'이라는 냉소적 표현이 등장한 거죠.

이현   어떤 학생이 선생님이나 부모님에게 "이런 식으로 자기 소개서를 꾸며 써도 괜찮은 거예요?"라고 물었다고 가정해 보자고요. 그때 선생님이나 부모님은 뭐라고 이야기해 줄까요? 아마도 이렇게 이야기하겠지요. "세상이 다 그런 거란다. 어디 뭐 자기 소개서에 자기를 있는 그대로 소개하는 내용을 쓰겠니? 다 남들에게 잘 보이려고 쓰는 거지." 대입 전형을 통해서 우리는 애들한테 이런 걸 가르치고 있는 겁니다. 또 돈 좀 있는 애들은 통째로 다른 사람에게 자기 소개서를

맡기기도 하지요. 그렇게 되면 이제는 '남이 써 주는 자기 소개서'가
되는 겁니다.

이기정 강북의 평범한 고등학교의 경우엔 자기 소개서를 다른 사람
이 통째로 써 주는 경우가 그렇게 많지 않은 것 같습니다. 일부 사례
가 지나치게 과장된 측면도 있지 않을까요?

이현 강북은 상대적으로 적을 수 있습니다. 그러나 강남에서는 최소
한 첨삭이라도 받는 경우가 일반적입니다. 물론 자기 소개서의 소스
가 되는 팩트들은 학생들이 직접 써 갑니다. 그런데 만일 자기 소개서
에 활용할 팩트가 부족하면 컨설팅해 주는 분들이 어떤 팩트를 만들
어야 할지 코치해 줍니다. 고1 때 무엇을 만들고, 고2 1학기 때는 무엇
을 만들지 등을 관리해 주지요. 이 팩트들로 만들어진 자기 소개서를
첨삭해서 고쳐 주거나 아예 통째로 써 주는 겁니다. 이렇게 팩트들로
꾸며지고 첨삭된 글과 어떤 학생이 혼자서 써 온 글을 비교한다고 생
각해 보세요. 글을 보는 순간 수준 차이가 확 나지요.

이기정 그렇게 꾸며진 자기 소개서를 대학에서 걸러 내야 한다고들
하는데요. 그게 말처럼 쉽지는 않을 겁니다.

이현 컨설팅받은 것과 스스로 쓴 자기 소개서를 구별할 수 있다고 주
장하는 분들이 간혹 있어요. 이쯤 되면 쓴웃음이 나옵니다. 어떻게 구
별하겠습니까? 너무 깔끔하게 잘 썼기 때문에 자기 소개서로 인정을

못 한다고 할까요? 또 어떤 분들은 표절 검사를 통해서 컨설팅받은 자기 소개서를 걸러 낼 수 있다고 합니다. 정말 어이없는 이야기예요. 왜냐하면 앞에서 말씀드린 것처럼 고급 컨설팅은 팩트를 만들어 가는 것부터 시작해요. 그리고 그 팩트들로 자기 소개서가 꾸며지지요. 그러니 컨설팅받은 것들은 학생들마다 완벽하게 독특해집니다. 표절이 나올 수 없는 거죠.

이기정　설사 거짓이나 표절로 의심된다 할지라도 명백한 증거도 없는데 함부로 불이익을 줄 수도 없지요. 의심이 간다고 해서 불이익을 주면 정말로 억울한 학생이 생길 수 있고, 또 다른 부작용이 생길 수도 있어요.

이현　표절 검사를 하면 드러나는 자료들이 있긴 있어요. 자기 소개서가 아니라 학생부 내용 중 '세부 능력 및 특기 사항', '행동 특성 및 종합 의견' 같은 것들이지요. 이건 애들 말로 '복붙'이라고 하는데, 복사해서 붙이고 일부 추가하기 식이니까요. 담임 선생님이 직접 써 준 추천서도 그럴 가능성이 아주 크지요.

이기정　추천서도 학종에서 중요한 서류 중 하나예요.

이현　추천서라는 것은 '내가 어떤 학생에 대해 잘 알고 있는데, 이러저러한 우수한 점과 뛰어난 자질이 있는 학생이어서 내 이름을 걸고 추천합니다.'라는 내용을 담고 있는 것 아니겠습니까?

이기정 그렇죠. 그런데 교사들은 학생부만 아니라 추천서도 좋게 써 줄 수밖에 없어요. 내가 가르치는 학생인데 어떻게 나쁜 얘기를 써 줘요? 쓸 때마다 정신적 고통이 상당합니다. 한편으론 학생을 위한답시고 거짓말을 하는 것 같아 괴롭고요. 다른 한편으로는 학생을 위해 최선을 다하지 않는 것 같아 괴롭습니다.

학생부를 작성하고, 추천서를 쓰고, 학생의 자기 소개서 쓰는 것을 돕다 보면 문득문득 이런 생각이 듭니다. '학종이 우리나라 학생과 학부모와 교사를 거짓과 위선의 경쟁으로 내몰고 있는 것은 아닐까?' 하는 생각이요.

이현 동의합니다. '거짓과 위선 경쟁'이라는 표현이 적절하다는 생각이 드네요.

전형 과정의 불투명성 문제

이기정 지금까지 '주관적인 서류를 가지고 주관적으로 평가한다.'는 학종의 '서류'와 '평가'에 대한 문제점을 살펴봤는데요. 그렇다면 전형 과정에서의 문제점은 없을까요?

이현 학종의 전형 과정에서 가장 심각한 문제는 그 과정이 불투명하다는 겁니다. 여러 가지 서류를 정성적으로 평가해서 학생을 선발한다고 하는데, 무엇을 기준으로 어떤 방식으로 평가했는지가 전혀 공개되지 않아요. 그러다 보니 합격한 학생이나 불합격한 학생이나, 자신이 왜 합격했고 왜 불합격했는지를 알 수 없게 되는 거죠.

이기정　전형의 평가 기준이나 평가 방식이 불투명하다는 말은, 즉 그 것들을 공개하지 않는다는 말씀이시죠?

이현　구체적으로 예를 들어 보지요. 학종을 강조하는 서울의 모 사립 대학이 있습니다. 그 대학 학종에서는 서류 평가 700점, 면접 평가 300점으로 학생을 선발합니다. 서류 평가 항목은 4가지로 구분되는데, '학업 역량, 전공 적합성, 인성, 발전 가능성'으로 나누어져 있어요. 제가 그 대학의 입학 처장님께 질문했어요. "서류 평가 700점 중에서 학업 역량 평가에 몇 점이 배당되나요? 그리고 그 학업 역량 평가에 대해서 A, B, C 등의 평가를 하는 기준은 무엇입니까?"라고요. 그런데 여기에 대답을 못하세요.

이기정　그러니까 소장님은 평가 기준이 공개되었을 때의 부작용 때문에 대학에서 공개를 안 하는 것이 아니라, 사실은 학생과 학부모를 설득할 만한 기준이 없어서 공개를 못한다고 생각하시는 건가요?

이현　중요한 것은 그러한 평가 기준이 구체적으로 공개되어야 한다는 겁니다. 이것을 공개하지 않으니까 '깜깜이 전형'이라는 비판을 받게 되고, 학종에 대한 불신이 생기는 거죠.

이기정　하지만 그렇게 평가 기준과 배점을 상세하게 공개하는 것은

'정성적인 평가'라는 학종의 취지나 본질에 맞지 않는 것 아닌가요?

이현 학종을 강조하는 분들이 그런 식의 주장을 해 오셨어요. 하지만 전혀 설득력이 없는 주장이죠. 700점 만점으로 평가한다고 했고, 각각의 평가 항목이 있으니, 그 평가 항목마다의 배점이 얼마인지 알려 달라는데, 그러한 선발 기준을 공개하는 게 선발의 취지에 어긋난다니요? 각각의 항목에 평점을 주는 기준이 무엇인지를 알려 달라는데 그건 학종의 본질에 맞지 않는다고 대답하는 게 도무지 상식에 맞는 이야기를 하는 겁니까? 게다가 '정성적인 평가'라는 말로 얼버무리는 식의 태도도 잘못된 겁니다. 선발 전형에서 완전한 정성 평가라는 건 존재할 수 없습니다. 앞서 말했듯이 몇 가지 평가 요소로 나누어서 평점을 매겨서 평가하지요. 이건 정성 평가가 분명합니다. 그러나 그다음에 그 평점은 다시 수치화된 점수로 환산됩니다. 그래야 그 점수를 비교해서 합격자와 불합격자를 판정하니까요. 결국 정성적으로 평가한 평점은 정량적인 점수로 바뀌게 됩니다.

이기정 학종이 아무리 정성적 평가를 한다고 주장해도 최종적으로는 정성적으로 평가한 그것들을 다시 정량화화고 점수화할 수밖에 없다는 말씀이지요?

이현 당연하지요. 흔히 수능 중심 전형을 두고 '성적으로 줄 세우기 한다.'고 비난을 해요. 특히 학종을 주장하는 분들이 이런 주장을 하지요. 그러나 학종도 줄 세우기 하는 건 마찬가지입니다. 합격과 불합

격을 구분해야 하니까요. 다른 점이 있다면, 수능 성적으로 줄 세우는
건 누구에게나 공개된 기준으로 줄을 세운다는 것이고, 학종은 무엇
을 기준으로 세웠는지 모르게 줄을 세운다는 거예요. 좀 심하게 말하
면 대학 맘대로 입학 사정관 맘대로 줄을 세운다는 거죠. 그리고 그렇
기 때문에 학종에서 부정 의혹이 끊임없이 생기는 겁니다.

　일전에 부산 지역 모 교대의 총장님 딸 부정 입학 의혹 사건이 언론
에 보도된 적이 있었지요? 이게 거론되다 쑥 들어가 버렸는데요. 이
런 문제가 언론에 보도된 교수들만의 문제일까요? 강원랜드의 채용
비리, 공기업 채용 비리가 사회적인 문제로 크게 부각된 적이 있습니
다. 아마 학종의 비리는 그 이상이지 않을까요? 전국에 약 160개 대학

에서 학종을 시행합니다. 이들 대학이 모두 온전하고 정당하게 학생들을 선발하고 있을까요? 이런 의구심을 갖는 것이 비합리적이라고 할 수는 없지요. 이게 불투명한 전형 과정의 귀결점입니다. 그래서 학종은 우리 사회 전체를 불신 사회로 만드는 데 기여하는 전형이 되고 있어요.

입학 사정관의 실태

이기정 학종의 전형 과정 자체가 불투명해서 문제가 된다는 지적이군요. 또 다른 학종의 전형 과정에서의 문제점은 어떤 것이 있을까요?

이현 학종에서 서류 평가를 입학 사정관들이 하지 않습니까? 그런데 그 입학 사정관들이 학생들의 서류를 몇 분 동안이나 보는지 혹시 들어 보신 적 있나요?

이기정 긴 시간을 보기는 어렵겠지요.

이현 보통 한 학생당 15분 정도 본다고 합니다. 자기 소개서와 추천서 빼고도 학생부의 서류만 해도 보통 25~30장 정도가 돼요. 이 서류를 입학 사정관들이 15분 정도 후루룩 보는 거죠. 그리고 A, B, C, D

● 2018학년도 기준 수시 모집에서 학종으로 신입생을 선발하는 대학교 수는 160개였다.(출처: 「대입정보포털어디가(www.adiga.kr)」)

점수를 콱 매기십니다. 앞에서 입학 사정관들이 평가하는 학종의 서류 자체가 주관적이고 그래서 과장과 왜곡이 심하다는 지적을 했습니다. 그런데 그런 주관적인 서류를 입학 사정관들이 15분 훑어보고 매긴 점수가 한 학생의 학업 역량이나 전공 직합성, 심지어는 인성과 잠재적 발전 가능성을 제대로 평가한 것이라는 주장을 누가 믿을 수 있겠습니까?

이기정 저도 학생부를 읽고 나름대로 이런저런 평가를 해 봤는데요. 아인슈타인급의 아이큐를 가진 사람이 아니라면 그 짧은 시간 안에 학생부 기록을 가지고 줄 세우기를 하는 것은 불가능하다는 생각이 들어요.(웃음)

이현 제가 보기엔 아인슈타인급으로도 불가능해요. 그런 방식으로 제대로 된 평가를 내릴 수 있는 사람은 용한 점쟁이나 신점 보는 분들, 그 정도는 되어야 할 거예요.(웃음)

이기정 그렇지만 입학 사정관은 이 분야 최고의 전문가들이니까 서류 검토에 15분이라는 시간이 그다지 짧지 않다는 주장도 있을 수 있는데요.

이현 대학이나 입학 사정관들 중에는 그렇게 이야기하는 사람들도 있겠지요. 그럼 그 입학 사정관의 실태를 한번 따져 보자고요. 입학 사정관 업무에 집중하는 전임 입학 사정관은 전체 입학 사정관 중에서 20%도 되지 않아요. 80%가 위촉 입학 사정관입니다. 이분들은 대개 대학교수들이나 외부 인사들인데, 일정 시간의 연수를 받고 입학 사정관으로 투입되지요. 사실은 '임시 입학 사정관'이에요. 게다가 전임 입학 사정관 중에서 대학이 전임으로 채용한 입학 사정관을 채용 사정관이라고 하는데요. 그 채용 사정관의 16% 정도만 정규직이에요. 80% 이상이 계약직인 거죠. 또 그중 40% 정도는 아예 비정규 계약직이에요. 이분들이 '주관적 서류'를 15분 동안 보고 '정성적으로 평가'해서 수험생들의 합격과 불합격을 가르시고 있는 거죠.

● 2014년 입학 사정관 유형별 현황

구분	전임 사정관				위촉 사정관(B)	계(A+B)
	채용	전환	교수	소계(A)		
인원	652명	62명	133명	847명	3,513명	4,360명
비율	15%	1.4%	3%	19.4%	80.6%	100%

채용 사정관은 대학이 전임 사정관으로 채용한 사정관, 전환 사정관은 해당 학교의 교직원 중에서 전임 사정관으로 발령된 사정관, 교수 사정관은 업무 수행에 필요한 교육 훈련을 받고 상시적으로 학생 선발 관련 업무를 담당하는 교수이다.(출처: 2015 유은혜 의원 국정 감사 보도 자료)

●● 2014년 전임 사정관(교수 제외) 비정규직 현황

구분	채용 사정관	전환 사정관
정규직	16.4%	100%
무기 계약직	41.7%	0%
비정규직	41.9%	0%

전환 사정관 100%가 정규직인 것은 이들이 본래 해당 학교의 교직원들이기 때문이다.(출처: 2015 유은혜 의원 국정 감사 보도 자료)

이기정　그렇다면 입학 사정관을 모두 정규직으로 고용하고 인원도 늘려서 충분한 시간을 갖고 평가할 수 있게 하면 어떨까요?

이현　대학이 입학 사정관을 더 많이 채용한다고요? 자기 돈을 들여서요? 하하, 우리나라 대학들은 절대로 그런 일은 안 할 거라고 생각합니다. 지금 그나마 입학 사정관을 그 정도 운영하는 것도 정부의 지원이 있기 때문인걸요.

학종과 수업 변화

이기정　저는 학종의 긍정적인 측면도 적지 않다고 보는 입장입니다. 특히 수업에 미친 긍정적 영향을 높이 평가하는 편입니다. 저만 해도 학종 덕분에 이전에 해 보지 못한 좋은 수업을 한 경험이 있습니다. 적잖은 교사가 수업의 변화를 체험한 게 사실입니다. 지금 얘기가 주로 학종을 비판하는 쪽으로 흘러가고 있는데요. 균형을 좀 맞추기 위해 제가 썼던 글을 여기서 그대로 소개하면 좋겠습니다.

　　지난해 나는 고3 수업을 했다. 여전히 문제 풀이 수업에서 벗어날 수 없었지만 그렇다고 그것만 할 수는 없었다. 문제 풀이 수업만으로는 학생부의 교과 세부 능력 및 특기 사항을 풍부하게 만들 수 없기 때문이다. 학종을 위한 새로운 수업을 해야만 했다. 대단한 수업을 했던 것은 아니다. 나 자신이 교과서 해설과 문제 풀이 위주의 수업에 찌든 사람이라 대단히 창의적인 수업을 할 능력이 없었다. 학생들에게 책을 읽게 한 후 감상을 발표하게 하는 단순한 수업에 불과했다. 모든 게 어설펐다.

어설픈 것치곤 만족스러웠다. 무엇보다 아이들의 참여도가 생각보다 높았다. 살짝 섭섭한 마음마저 들었다. '아 이놈들이 나의 설명보다 친구들의 발표를 훨씬 더 재미있게 듣는구나!' 학생부에 기록하기 위해 나도 경청했다. 무엇보다 학생 한 명 한 명의 생각과 개성을 잘 알게 되어 좋았다. 나 혼자 일방적으로 진행하는 수업에서는 할 수 없는 경험이었다. 세상에 고3 교실에서 이런 수업을 할 수 있다니! 묘한 흥분을 느꼈다. 그동안 선각자적으로 수업의 변화를 꾀한 교사들이 왜 학종의 열렬한 지지자가 되었는지 절실하게 이해됐다.

내친김에 여름 방학 보충 수업에서도 새로운 수업을 시도했다. 고3 보충 수업임에도 불구하고 문제 풀이에서 완전히 벗어난 수업을 시도했다. 그 사실을 미리 학생들에게 분명히 알렸다. 그런데도 학생들이 제법 신청을 했다. 무엇 때문이었을까? 우리 학교의 특수성도 작용했겠지만 아무래도 학종이 만들어 낸 분위기의 영향이 컸다고 생각한다. 그 수업은 내가 여태껏 해 본 시(詩) 수업 중 제일 재미난 수업이었다. 무엇보다 내 평생 수업 준비에 그렇게 많은 시간을 들이고 정성을 기울인 적이 없었다. 억지로 그런 게 아니라 하다 보니까 재미있어서 그렇게 됐다. 지금도 생각만 하면 흐뭇한 수업 중의 일화가 있다. 한 학생이 이대흠 시인의 「아름다운 위반」을 낭송하고 감상을 말하다가 그만 울컥해서 눈물을 흘린 일이다. 예전 수업에서는 상상도 못할 일이었다.

물론 학종의 이러한 긍정적 측면을 너무 과장하면 곤란합니다. 하지만 학종이 나름의 긍정적 역할을 하고 있는 것은 분명한 사실입니다.

이현 학종으로 인해 학교와 교실에서 교육적으로 의미 있는 변화가 일어나고 있다는 주장들이 있습니다. 성적 위주의 대입 전형일 때는 형식적으로 진행되던 동아리 활동이 활발해지고, 토론식 수업과 같은 다양한 수업 변화 등이 시도되고 있다는 거죠. 저도 이러한 측면이 실제로 존재한다는 것 자체는 부정하고 싶지 않아요. 그런 노력을 하는 열정적인 선생님들이 여러 분 계시다는 것도 인정하고요. 하지만 이러한 측면이 과장되어서는 안 된다는 점도 지적되어야 합니다. 만일 그러한 교육적 변화가 전국의 여러 학교에서 일어나고 있는 사실이라면 그토록 많은 학생과 학부모 그리고 교사들조차 학종의 부작용을 고발하는 일이 벌어지지는 않았을 겁니다. 언론에 종종 '학종이 학교를 교육적으로 변화시키고 있다.'는 주장의 글을 기고하는 선생님들이 계세요. 재미있는 것은 그분들이 대부분 진로 담당 부장 선생님들이라는 겁니다. 지난 몇 년간 언론에 기고한 분들의 90% 이상이 그래요. 왜 일반 선생님들 중 그러한 기고를 하는 분들은 거의 없는 걸까요? 이점도 같이 생각해 봐야 합니다.

촛불 혁명과 대입 제도

이기정 이제 이야기를 좀 정리해 보지요. 지금까지는 수능 절대 평가와 학종의 문제점을 중심으로 이이야기를 했는데요, 이제 대입 제도 개선 전반에 관한 이야기를 해 봤으면 합니다. 문재인 정부는 대입 제도의 개선 방향을 '단순하고 공정한 입시'로 잡고 있는 것 같습니다. 특기자 전형과 논술 전형은 폐지나 축소하는 방향으로 가닥을 잡았고요.

이현 우선 문재인 정부가 대입 정책의 기본 방향을 '단순화'와 '공정성 중시'로 잡은 것에 대해서는 전적으로 찬성합니다. 덧붙이면, 대입 제도가 지속적으로 사회적 불평등을 심화하는 방향으로 바뀌어 온 것을 시정하는 문제도 중요하다고 봅니다. 그리고 이러한 개선이 고등학교의 정상적 운영을 훼손하지 않는 방향으로 나아가야겠지요.

이기정 사회적 불평등을 완화하고, 고교 교육에 긍정적인 영향을 주는 방향으로 입시 제도를 개선해야겠지요.

이현 네, 그런 점에서 특기자 전형과 논술 전형의 폐지도 타당하다고 봅니다. 두 가지 전형은 일반 고등학교의 수업만으로는 준비할 수 있는 전형이 아니거든요. 전적으로 사교육에 의존해야 하는 전형이고요. 게다가 특기자 전형은 아예 대놓고 특목고 학생들을 우대하는 전형이지 않습니까? 그런 점에서 두 전형을 폐지하는 것은 타당합니다. 또한 이 전형을 폐지하는 것만으로도 대입 전형의 단순화에 상당히 기여하지요. 다만 수능 절대 평가 논란에 빠져서 이 전형을 축소하거나 폐지하는 일정이 구체화되고 있지 못한 점은 아쉽습니다.

이기정 특기자 전형과 논술 전형의 축소나 폐지를 위한 노력은 당장 시작해야 한다는 말씀이군요. 학종은 어떻습니까? 학종에 대해 조목조목 비판하셨는데요. 그러면 소장님은 학종을 대폭 축소해야 한다고 보시나요?

이현 그 질문에 대답하기 전에요, 문재인 정부는 촛불 혁명의 힘으로 등장한 정부가 아니겠습니까?

이기정 그렇지요.

이현 그렇다면 이 정부는 촛불 혁명의 정신에 충실해야겠지요. 저는 촛불 혁명의 원동력이 우리 사회의 불공정성과 불평등에 대한 분노와 저항, 그리고 부패와 비합리성에 대한 응징에 있었다고 생각해요. 사회 곳곳에 걸쳐서 이러한 폐단들이 쌓여 왔고, 우리는 그것을 적폐라고 부르지요. 그러한 적폐를 청산해서 나라다운 나라를 건설하자는 것이 촛불 정신 아니겠습니까? 문재인 대통령에 대한 높은 지지도는 대통령께서 이러한 폐단을 극복해 나가는 노력을 제대로 하고 계시고, 또 앞으로 더 잘할 것이라는 기대와 신뢰의 표현이라고 볼 수 있을 거예요.

이기정 적폐 청산의 관점에 대해서는 여야의 입장 차이가 있긴 하지만, 일반 국민을 상대로 한 여론 조사에서는 여전히 상당히 높은 지지도를 보이는 것으로 조사되고 보도되고 있지요.

이현 저는 이러한 촛불 혁명의 정신이 대입 제도에도 구체화되어야 한다고 생각해요. 현재의 대입 제도가 가지고 있는 불공정성과 불평등 문제를 해소해야 한다는 거죠. 문 대통령이 지향하는 바는 제가 말씀드린 방향과 일치한다고 생각해요. 그런데 막상 교육부 장관이 하는 이야기를 들으면, 이러한 문제를 해결하는 방향과는 다른 엉뚱한 이야기를 하고 있는 거예요.

이기정 대입 제도에서도 불공정성과 불평등의 문제를 해결하는 것이 급선무인데 김상곤 교육부 장관은 이와 다른 방향을 지향하고 있다는 말인가요?

이현 그렇지요. 다른 분야와 다르게 교육 부분을 담당하는 이 정부의 참모들은 촛불 정신과는 무관하게 그분들이 오래전부터 주장해 왔던 레퍼토리를 그대로 읊어 대세요. 앞서 말씀드린 대로 낭만적 이상주의를 가지고 대입 제도 문제에 접근하고 있고, 심지어는 대입 제도에서 '객관적 공정성'이 중요한 것이 아니라는 주장까지 하고 있어요. 그 맥락에서 그분들이 내세우는 게 수능 절대 평가이고, 학종의 확대 내지는 정착이에요.

● 2018년 4월 2주 기준, 문재인 대통령의 국정 수행 평가 조사에서 긍정적이라는 답변이 66.8%가 나왔다.(출처: 리얼미터)

이기정 교육부 장관을 중심으로 한 교육 담당 관료들이 그러한 사고를 하고 있다고 생각하시는 거죠?

이현 지금까지의 행보를 볼 때 저는 교육부 장관·사회부총리께서 이 문제에 대해 세밀하게 이해하지 못하고 계시다고 생각해요. 지금 대입 정책에서 불공정성의 핵심이 학종이라고 생각하는데, 그 학종을 만들고 그것을 확대해 온 사람들이 교육부 장관의 자문 기구에 득실하니까요.

이기정 다시 제 질문으로 돌아가면, 학종은 폐지하거나 대폭 축소하는 것이 맞다는 거죠?

이현 학종만 놓고 보면 저는 폐지하는 게 맞다고 생각합니다. 앞서 이야기한 것처럼 우리나라 여건에서는 구조적으로 학종이 왜곡될 수밖에 없기 때문입니다. 다만 한번에 없애기는 어려우니 현실적으로 과도기적 타협이 필요하겠지요. 전면적 폐지보다는 불공정성을 완화하는 대책을 세워 보완하면서, 최상위권 대학에서부터 그 반영 비율을 줄이도록 유도해야 합니다.

이기정 그러면 반대로 정시 내지는 수능 중심의 전형은 확대해야 한다고 생각하시나요?

이현 지금처럼 수시가 대입의 75% 가까이 차지하는 상황은 본말이

전도된 상황이지요. 당연히 정시가 확대되어야 해요. 하지만 정부가 '정시 몇 % 이상'이라고 제시하면 여러 가지 다른 문제를 가져올 겁니다. 부작용을 최소화하는 방법으로 정시 확대를 유도하는 게 필요합니다.

이기정 네, 오늘 오랫동안 수고하셨습니다. 감사합니다.

이현 감사합니다.

● 2018학년도 대입 수시 모집 인원은 259,673명으로 전체의 73.7%이며, 2019학년도 대입 수시 모집 예정 인원은 265,862명으로 전체의 76.2%를 차지할 전망이다.(출처: 한국대학교육협의회, 「2019학년도 대학 입학 시행 계획 주요 사항 (2017. 4. 28.)」)

2장

입시에 멍든 교실, 그 현장의 목소리

고교 학점제의 성공 키워드는 교사별 평가제이다

고
용
우

충남 예산의 대흥고등학교에서 교사로 첫발을 내디뎠으며 1993년부터 울산제일고등학교에서 국어를 가르치고 있다.

주입식 수업에서 벗어나 학습자의 활발한 활동을 통해 언어 능력을 기르는 것이 중요하다는 생각으로 대안 교과서 개발에 참여하여 『고등학생을 위한 우리말 우리글』을 함께 집필했다. 이후 『문학 시간에 소설 읽기 1~4』 집필에 참여하였으며, 20년간의 국어 수업을 정리하여 『언어 능력을 기르는 국어 수업』을 집필했다.

국어 교육의 새 길을 열자는 취지로 결성한 전국국어교사모임에서 여러 역할을 맡아 왔으며, 언어 활동을 통해 사고력을 기르고, 감성을 기르고, 주체성을 갖도록 하는 것이 국어 교육의 중심이어야 한다고 생각한다.

입시가 변해도 교실 수업은 그대로다

이기정 우리 교사들에게 입시란 무엇일까요? 일종의 숙명이 아닐까 생각합니다. 교단을 떠나기 전까진 아무리 발버둥 쳐도 입시의 굴레에서 절대로 벗어날 수 없지요.

입시에 대해선 대부분의 사람이 부정적으로 생각합니다. 학생과 학부모가 입시로 인해 받는 고통이 좀 크나요? 또 입시 때문에 우리 교육이 왜곡되고 타락한 면도 크고요. 그런데 다른 한편으론 그나마 입시라도 있으니 아이들이 공부를 하지, 입시가 없었으면 어떻게 됐겠느냐고 말하는 사람도 종종 있습니다. 하긴 생각해 보면 그런 측면도 있는 것 같습니다. 예컨대 시(詩) 수업을 할 때 입시 때문에 제대로 된 수업을 못한다고 불평을 하지만, 사실 입시라도 있으니 학생들이 그나마 시를 좀 읽는 것 아니겠습니까?

고용우 입시 때문에 수업 시간에 시를 비롯한 문학 작품들을 많이 다루죠. 그런 점에서 긍정적인 면은 분명히 있는데, 시를 진정 즐기게 하거나 또 스스로 시를 읽는 능력을 길러 주지는 못한다고 생각해요. 흔히 하는 시 수업에서는 시를 분석해서 암기하게 하는 방식으로 접근하고 있기 때문이지요. 그래서 시는 어렵고 뭔가 분석해 주어야 되는 것이라고 생각하는 학생들이 대부분입니다. 학생들은 주로 문제집을 통해서 시를 만나게 되기 때문이지요. 장기적으로 볼 때 지금의 문학 교육이 문학을 즐기는 독자를 만들어 내는 데에는 실패하고 있다는 생각이 들어요.

이기정 체육 대학을 지망하는 학생을 제외하곤 현재 체육은 입시와는 거의 관련이 없는 과목이잖아요? 음악과 미술도 그렇고요. 이들 과목은 내신 평가가 완전히 절대 평가이지 않습니까? 3단계 절대 평가지요. 하지만 한때는 이들 과목도 다른 과목과 똑같이 상대 평가인 시절이 있었습니다. 제가 어떤 체육 교사로부터 이와 관련한 얘기를 들은 적이 있어요. 실감이 나도록 그분의 말을 그대로 옮겨 볼게요.

"선생님들 기억하실 거예요. 옛날 음악·미술·체육 과목 내신 제외 정책(3단계 절대 평가 시행을 가리키는 말입니다.) 시행될 때 음악·미술·체육 교사들이 엄청 반대했어요. 교사들이 국회까지 찾아가서 반대 시위를 엄청나게 많이 했어요. 물론 '밥그릇 싸움'이란 비난도 받았죠.

그런데 지금 겪어 보니까 획기적으로 잘된 정책이에요. 예전에 체육 수업을 어떻게 했는지 아시죠? 배구를 예로 들어 볼게요. 예전에 배구 수업 때는 연속으로 언더핸드 토스 몇 개 하고 오버핸드 토스 몇 개 하고…, 이런 식으로 수업을 했어요. 평가를 해야 되니까요. 그땐 체육도 입시 과목이었지요.

그런데 체육이 입시에서 배제되니까, 즉 절대 평가로 바뀌니까, 저희 교사들이 잘리는 게 아니라 오히려 아이들에게 가르칠 것을 제대로 가르치게 됐어요. 배구할 때 언더핸드 토스, 오버핸드 토

● 2009학년도부터 음악·미술·체육 과목은 우수·보통·미흡의 3단계로 나누어 평가하는 절대 평가를 시행하였다.

스 몇 개 하느냐가 중요하지 않게 된 거죠. 저는 이제 배구 수업할 때 아이들이 제일 재미있어하는 스파이크부터 가르쳐요. 그리고 서로 손을 모아서 파이팅하고, 어깨동무하면서 작전 회의하는 것을 중요하게 가르쳐요. 그게 체육 수업을 통해 반드시 가르쳐야 할 중요한 요소니까요.

내신에서 제외되면 우리 과목을 아이들이 외면할 거라고 걱정했는데 본질에 충실한 수업을 하니까 아이들이 겁나게 좋아해요. 지금 전체 교과 중 애들이 가장 좋아하는 과목이 음악·미술·체육이라고 생각해요. 저는 그 점에 관해 체육 교사로서 자부심을 느껴요. 본질에 충실하게 수업하면 애들이 좋아해요."

그러나 다른 과목 교사들은 교과의 본질을 추구하기가 어렵지요. 항상 입시를 먼저 염두에 두고 수업을 할 수밖에 없으니까요. 보통 2개의 시험을 염두에 둡니다. 하나는 수능 시험이고요. 다른 하나는 학교 시험이지요. 학교 시험도 엄연한 입시의 하나니까요.

고용우 저는 수능이나 학교 시험 둘 다 교과의 본질에 충실한 수업을 방해하고 있다고 생각해요. 왜냐하면 학교 시험 문제도 요즈음은 대개 수능 문제 유형에 맞추어서 출제하고 있으니까요. 수능에 대한 압박감을 항상 느끼면서도 당장은 중간고사와 기말고사를 대비해야 하니까, 어느 것이 더 본질에 충실한 수업을 방해한다고 꼬집어서 말하긴 어려울 것 같아요.

이기정 수능이나 학교 시험이나 본질적인 수업을 방해하는 공범임에는 틀림없죠.

고용우 저는 학력고사 시절부터 교사였는데 그때는 수능이 도입되면 수업의 양상이 확 바뀔 거라고 생각했어요. 그러나 막상 수능 시대가 되어도 수업은 달라지지 않더라고요.

이기정 그런데 수능 이전에 존재했던 학력고사와 현재의 수능 시험은 문제 유형이나 패러다임이 상당히 다르지 않습니까?

고용우 다르지요. 시험 문제 유형은 달라졌지만 그렇다고 수업이 거기에 맞춰 바뀌는 건 아니더라고요. 달라진 게 있다면 수능 기출문제나 그것을 변형한 문제집을 수업 자료로 활용하는 정도 같아요. 그렇지만 수업은 여전히 앞에서 말한 것처럼 시나 소설을 분석해서 설명하는 방식으로 많이 해요. 이런 수업 방식이 사실 수능에 잘 대비하는 방식은 아닌 것 같아요. 오히려 옛날 학력고사에 대비하던 수업 방식인데 수능 체제가 되어도 교사들은 그런 방식으로 수업을 많이 하고 있어요.

이기정 지금 학교에는 아직도 교과서의 지식을 해설하고 전달하는 단순한 수업 방식이 많이 남아 있어요. 그런데 이런 방식은 말씀하셨다시피 수능 시험을 대비하는 방식과는 좀 거리가 먼 측면이 있어요. 수능 국어 영역 문제에는 주입식 수업을 통한 암기 지식을 묻는 문제가 하나도 없지 않습니까?

고용우 암기된 지식을 묻지 않는데도 주입식 수업을 하고 있다는 게 문제 같아요. 공인된 EBS 수능 대비 강의에서도 그렇게 가르치더라고요. 학생들에게 학원에서 공부하는 방식을 물어보면, 학원도 비슷하게 강의를 하는 것 같아요. 그래서 우리가 입시 위주의 교육을 한다고 하지만, 진짜 입시에 도움이 되는 방식은 아닐 수도 있다는 생각을 해요. 오히려 저는 시를 분석한 결과를 암기하기보다는 시를 읽는 힘을 길러 주는 게 진짜 입시 위주의 교육이 아닐까 하는 생각을 해요. 그래서 입시가 분석하고 암기하는 수업을 유발하는 요인도 되지만, 교사의 교육에 대한 관점이 한 요인일 수도 있다는 생각이 들어요. 우리는 교육을 누군가에게 지식을 전달하고 기억하게 하는 것이라고 생각하는 측면이 좀 강한 것 같아요.

이기정 입시가 제약이긴 하지만 전부 입시 탓으로만 돌릴 수 없다는 말씀이신데요. 그렇다면 우리 교사들이 과거 수업의 인습에서 여전히 벗어나지 못한 잘못도 있다는 말씀인가요?

고용우 그런 측면도 분명히 있다고 생각해요. 그러니까 문제 해결력을 중시하는 수능 시대임에도 불구하고, 요즘음도 마이크로 한 시간 내내 혼자서 떠드는 방식의 일방적인 수업을 하는 사람이 많잖아요. 사실 그건 수능에 도움이 안 되는데도요.

주입식 수업을 유발하는 내신 시험

이기정 그렇지요. 분명 교사가 변화에 대응하지 못한 측면도 있을 거라 생각합니다. 그러나 제도적인 측면의 원인도 크지 않을까요? 저는 현재의 학교 내신 제도에서 비롯되는 면이 크다고 보는데요. 학교 시험이 수업에 주는 부정적 영향은 없을까요?

고용우 학교 시험이 수업에 주는 제약도 상당하지요. 예를 들면 고등학교의 한 학년이 보통 10학급이거든요. 국어과의 경우는 한 과목을 2~3명의 교사가 나누어 맡게 되는데, 공통으로 내신 성적을 산출하기 때문에 모든 점에서 교사들끼리 보조를 맞춰야 해요. 그러자면 학기 시작하기 전에 평가 계획이 먼저 협의되어야 하거든요. 예를 들면 중간·기말고사는 어떤 범위에서 출제할 건지, 수행 평가는 어떤 것을 어느 정도 비중으로 출제할 건지 협의를 하지요. 이렇게 맞추게 되면 교과서에 있는 내용 중에서도 교육적 중요성에 관계없이 오지선다형으로 출제하기 어려운 부분은 걸러지게 됩니다. 결국 수능 형태로 출제하기에 적절한 단원들만 남게 되고, 수업도 이 단원을 중심으로 진행하게 되지요.

이기정 제 생각에는 수업 변화를 위해 노력하는 교사가 결코 적지는 않은 것 같습니다. 그런데 그런 교사들조차 실제 수업에서는 기존의 수업과 별다른 차별을 보이지 못하는 경우가 많은 것 같습니다. 저는 이게 학교 내신 제도 때문이라고 생각합니다. 시험 성적으로 아이들을 1등부터 꼴찌까지, 1등급부터 9등급까지 줄 세우기를 해야 하는 내신 제도의 원인이 제일 크다고 생각해요. 국영수의 경우엔 보통 2~3명의 교사가 한 학년을 함께 담당하는데, 현재의 내신 제도에서는 이들 교사들이 반드시 공통의 시험 문제로 평가를 해야 해요. 그러다 보니 수업 내용이 반드시 같아야만 하죠. 또 수업 내용이 같아야 하니 반드시 동일한 교과서를 사용해야 하죠. 단순히 동일한 교과서를 사용하는 데에 문제가 있다고 볼 수 없지만, 동일한 시험 문제에 대비하기 위해서는 그 교과서를 해설하고 분석하는 수업을 해야만 하죠. 그러다 보니 교사는 달라도 결국 같은 내용의 수업을 할 수밖에 없는 구조입니다. 이러한 학교 내신 제도로 인해 문제의식이 강한 교사들조차도 실제로 수업 변화를 꾀하는 데에는 한계를 보일 수밖에 없는 거죠.

고용우 그래서 어떤 경우에는 한 과목을 3명의 교사가 나눠서 맡을 때 시험에 출제할 단원만 미리 협의해서 정한 뒤 교과서 중심으로 수업하고, 나머지 수업 시간에는 융통성을 발휘해서 교사별 특성을 살려서 수업하는 경우도 있어요. 하지만 이런 경우는 자기만의 수업을 시도하려는 매우 적극적인 교사들에게 해당하는 일이지, 다른 많은 교사들은 교과서 진도만 맞추어서 수업을 하죠. 그런데 교과서 중심 수업이라도 교과서의 학습 활동에 충실하기보다는, 교과서에 실린 바탕글 분석과 설명에 초점이 맞춰지는 경우가 많아요. 또 그렇게 수업한 내용으로 시험 문제를 출제하고요.

이기정 제 개인적 경험을 좀 얘기해 볼까요? 저는 시(詩) 문학 수업을 할 때는 김소월의 동시 「엄마야 누나야」로 수업을 시작하고 싶어요. 시의 기본 개념을 이해시키는 데 이것만큼 설명하기 좋은 작품이 없다고 생각하거든요. 제가 「엄마야 누나야」로 시의 기본 개념을 설명하면 아이들이 정말 설명을 잘 들어요. 재미있으니까요. 그리고 시 해석의 방법론을 설명하고 싶을 때는 윤동주의 시 「십자가」가 제격인 거 같아요. 「십자가」를 제재로 시 해석의 방법론을 설명하다 보면 제 스스로가 재미를 느껴요. 그런데 이런 수업을 계속해서 할 수는 없잖아요. 어쩌다가 몇 번은 몰라도 매번 이렇게 할 수는 없는 일이지요.

고용우 그렇죠. 선생님이 교과서 밖의 작품으로 수업을 하는 동안 같은 학년 수업을 담당한 다른 교사는 교과서 작품으로 수업을 할 테니까요. 선생님은 교과서 진도를 벗어났는데, 그 교사는 교과서 진도를 나갈 거고요. 그런데 학교 시험 문제는 그 교과서에 있는 작품에서만 출제하니, 결국은 선생님도 교과서 수업에 집중할 수밖에 없겠죠.

이기정 물론 한두 번은 제 맘대로 해도 되겠지요. 한두 번 정도면 진도가 늦어도 바로 따라갈 수 있으니까요. 그런데 지금 저는 두 개의 예만 들었을 뿐이잖습니까? 말씀드리지 않은 수십 개의 사례가 더 있어요. 그러다 보니 아무리 수업이 재미있어도 그런 수업은 결국 아이들이 불안해하고 외면해 버려요. 내신 성적에 불이익을 당하니까요. 지금 제가 저만 잘난 것처럼 얘기한 꼴이 됐는데요. 제가 말하고자 하는 요지는 현재의 내신 제도에서는 교사들이 서로가 서로의 창의적

고용우 · 이기정

수업을 가로막고 있다는 거예요.

고용우 교사별 평가는 수업의 전제 조건이라고 할 수 있어요. 자기가 수업했으니 자기 수업 내용에 따라 자기가 평가하는 것은 너무나 당연한 일이죠. 하지만 지금 그게 현실적으로 불가능한데 가장 중요한 원인은 내신 상대 평가가 아닌가 해요. 어떤 상황이 되었든 교사는 자기만의 잣대가 아니라, 학교 공통적인 잣대로 공정하게 학생들을 9등급으로 줄 세워야 하거든요.

이기정 네, 교사별 수업뿐만 아니라, 교사별 평가도 가로막고 있는 가장 큰 원인이 내신 상대 평가 제도라는 말에 동의합니다.

고용우 내신 9등급 상대 평가제가 2008학년도 입시부터 적용되었어
•
요. 그때부터 내신의 비중이 강화되었고, 최근에는 수시 확대와 더불어 그 중요성이 더 높아졌죠. 그래서 중간고사나 기말고사 때가 되면 학생들도 그렇지만 교사들도 상당히 스트레스를 받아요. 지역별로 좀 다를 수 있지만 울산 지역의 경우에는 어떤 문항에서 오류가 발생하면 그 문항만 재시험을 봐요. 재시험이 발생할 경우를 대비해서 시험 마지막 날 한 시간을 아예 비워 놓기도 하고요. 교사들은 시험이 끝나

● 교육부는 2004년 10월, 학교가 학생들의 성적을 부풀리는 바람에 대입에서 내신의 반영 비율이 줄어들자, 2008학년도부터 내신 9등급 상대 평가제를 시행한다고 발표하였다.

도 안심을 못하지요. 9등급 상대 평가에서는 공정성과 객관성이 절대적으로 중요합니다. 그러다 보니 문항이 성취 기준이나 학습 목표를 평가하기에 과연 타당하고 적절한지에 대해서는 별로 염두에 두지 않아요.

이기정　예, 오류 없음이 문항 출제의 가장 큰 기준이 되었어요.

고용우　객관적으로 판단해서 오류가 없고, 또 공통적으로 수업 시간에 다루어서 형평성에 어긋난 부분이 없는 문항이면 아무 문제가 안 되지요. 상대 평가 즉, 줄 세우기에서는 모두가 배운 내용을 오류가 없게 출제하는 게 가장 중요하니까요.

수시 확대가 내신 시험 부담으로

이기정　수시가 점점 확대되면서 학교 시험에 대한 아이들의 부담이 확실히 더 커지지 않았습니까?

고용우　그렇지요. 대학 입시에서 수시로 선발하는 인원이 전체 인원의 70%를 넘어설 정도로 수시가 확대되었어요. 수시가 늘면서 당연히 학교 시험에 대한 부담이 커졌지요. 수시 중에 교과 성적 위주로 선발하는 교과 전형은 물론이고, 학생부 종합 전형(이하 학종)도 교과 성적 비중이 크니까 학교 시험에 대한 부담이 늘어났지요.

이기정 실제 아이들이 얼마나 스트레스를 느끼나요? 아까 재시험 얘기를 하셨는데요. 보통의 학교에서는 오류가 날 경우 전 학생이 전부 정답을 맞춘 것으로 처리하고 넘어가기도 하지 않습니까? 내신 경쟁이 치열한 학교는 많이 다른가요?

고용우 중간고사나 기말고사가 끝나고 나면 문제가 이상하다고 찾아오는 학생이 종종 있어요. 대개의 경우, 교사는 출제 의도를 설명하고 학생도 아무 문제가 없음을 납득하고 돌아가죠. 그런데 가끔 이런 학생의 부모님에게서 항의 전화가 와요. 문제가 잘못되었다거나 오류가 있다는 얘기지요. 그런데 거기서 끝나지 않고 교육청에 항의 전화를 하는 경우도 있어요. 심지어는 학생이나 학부모가 교사에게 질의하는 과정이 생략된 채로, 민원이 접수되었다면서 교육청에서 교사에게 연락이 오는 경우도 있더라고요. 교사의 해명을 학생이나 학부모가 받아들이지 않으면 학교에서는 해당 과목의 교과 협의회를 열고 검토 과정을 거칩니다. 그러고 나서 다시 학생과 학부모를 납득시키거나 재시험을 보거나 해야 하죠. 교사들도 스트레스를 받겠지만, 내신 경쟁에서 지지 않기 위해 이렇게까지 하는 학생들의 스트레스는 오죽하겠어요.

이기정   문제에 오류가 있다고 따지는 학생도 있고, 우리 반은 안 가르쳐 줬는데 그 부분에서 시험을 냈다고 항의하기도 하죠.

고용우   지난 중간고사 때 우리 학교에서도 실제로 그런 일이 있었어요. 문제 자체에는 오류가 없었는데 시험이 끝난 뒤에 한 학생이 찾아와서 항의를 했어요. 수업 시간에 배우지 않은 내용에서 시험 문제가 출제되었다는 거죠. 자기가 다른 반 애들에게 물어봤는데, 다른 반 애들은 모두 수업 시간에 선생님이 설명해 준 문제라는 거예요. 그런데 자기는 들은 적이 없다는 거죠. 교사가 어느 한 반에서만 그 부분에 대한 설명을 빠뜨렸다는 주장인데, 학생이나 교사나 둘 다 명확한 근거는 없어요. 그렇지만 이럴 경우 대부분 어쩔 수 없이 재시험을 치는 걸로 결론이 나요. 한 사람이 수업하는 경우에도 이런 문제가 발생하는데, 같은 과목을 두 사람 이상이 나눠 맡을 때는 더 많은 문제가 발생할 가능성이 높지요.

이기정 학습지를 나누어 줘도 모든 반에 똑같이 나누어 줘야 하지 않습니까? 두 분 또는 세 분의 선생님이 수업을 분담한다 하더라도 학습지는 동일한 것을 나누어 줘야 하잖아요. 그런 학습지가 수십 장이 될 수 있는데, 그중 한 장을 어떤 반에 실수로 나누어 주지 않을 수 있잖아요? 그런데 하필 그 학습지의 내용과 연관된 문제가 출제되면 내신 경쟁이 치열한 학교에서는 그냥 넘어갈 수 없는 문제가 되죠.

고용우 어떤 학생이 특정 시험 문제에 대해 문제 제기를 하러 교무실에 올 때 다른 입장의 학생이 따라오는 경우도 있어요. 문제 제기를 하러 오는 학생이 있고, 문제에 오류가 없기 때문에 재시험을 볼 필요가 없다고 오는 학생이 있어요. 그 문제를 틀린 학생은 오류가 있거나 형평성에 어긋난다고 문제를 제기하고, 맞힌 학생은 문제와 정답에 이상이 없다고 주장하지요. 어차피 상대 평가이기 때문에 재시험을 보게 되면 이미 문제를 맞혔던 학생은 손해를 보게 되는 거잖아요? 그래서 자주 같이 와요.

이기정 참, 웃지 못할 이야기네요. 이게 다 학생들이 다른 학생들보다 한 문제라도 더 맞춰서 한 등수라도 더 올려 보려고 그러는 거겠죠.

학종으로 인한 수업의 변화

이기정 수업의 본질을 훼손하게 만드는 시험의 압력은 분명히 있는 것 같습니다. 또 그 정도가 매우 크고요. 시험이 존재하는 한 교과의 본질이 주는 재미를 느끼기는 어렵지요. 앞에서 제가 언급한 체육 교사가 말했던 교과의 본질을 추구할 때 나오는 재미 말입니다.

그런데 최근 학종을 활용해서 수업에 변화를 일으키는 교사들이 많아지고 있다는 소식이 들립니다. 그 수업의 변화가 얼마나 큰 것인지, 또 얼마나 많은 교사들이 수업의 변화를 꾀하고 있는지 저도 매우 궁금합니다. 한편으로는 너무 그 효과를 과장하는 것 같기도 하고, 다른 한편으로는 너무 무시하는 것 같기도 합니다.

고용우 학종은 방금 말씀하신 대로, 과도하게 긍정적으로 평가되거나 과도하게 부정적으로 평가되는 경향이 있어요. 성적이라는 한 가지 잣대로 학생을 선발하지 않기 때문에 획기적인 변화를 불러올 수 있다는 지나친 낙관론도 있고, '금수저 전형'이라는 냉혹한 평가도 있는데, 양쪽이 좀 과장된 측면이 있어요.

이기정 일단 수업에 초점을 맞추어서 본다면, 학종 도입의 효과는 어떤가요?

고용우 수업만 가지고 이야기한다면 다소 긍정적인 면이 있어요.

이기정 학생부에 기록할 요소로 교과 세부 능력 및 특기 사항이라는 게 있지 않습니까? 쉽게 말하면 교과 수업 시간에 나타난 학생의 활동과 변화를 학생부에 기록하는 것인데요. 이 기록을 풍부하게 하려면 교사 입장에서는 어쨌든 수업을 변화시킬 필요가 있지요.

고용우 현재 쓰고 있는 양식의 학생부가 생긴 지 7년쯤 됐지요. 그런데 처음에는 교과 세부 능력 및 특기 사항 같은 건 그냥 추상적으로 적었어요. 그런데 학종이 시행되면서 대학에서는 개인적인 특성이 잘 드러나도록 구체적으로 적어 달라고 요구했죠. 구체적이면서 개인적 특성이 잘 드러나게 기록하려면 강의식 수업은 적절하지 않고 학생들이 직접 활동하는 수업을 해야 하거든요. 그러니까 특기 사항을 기록하기 위해서라도, 학생들이 발표를 하게 하거나 주도적으로 활동을 하게 하는 수업을 하지요. 그런데 역시 기록에 목적을 둔 수업이라 일회성에 그치는 경우가 많죠. 또 일부 상위권 학생들만 참여한다든가 하는 문제점도 있어서, 전체적인 수업을 바꾸지는 못했죠.

이기정 수능 시험을 대비하는 수업도 해야 하고, 또 여전히 학교 시험도 대비해 주어야 하니까 활동 위주의 수업을 하기는 어려운 거죠.

고용우 물론 이전부터 학생 활동 중심 수업을 해 오던 교사들에게는 계속 그렇게 수업할 수 있는 명분을 제공한 긍정적인 측면이 있습니다. 그리고 학생 활동 중심 수업에 대해서 별로 관심이 없던 교사들이 조금씩 관심을 갖게 된 것도 긍정적인 변화겠지요. 그러나 그 변화가 아직은 미미한 수준이고 그 이상으로는 못 나가고 있는 것 같아요.

이기정 선생님께서 '전국국어교사모임'의 이사장이시지 않습니까? 수업의 변화를 꾀하려는 국어 교사들과 대화를 많이 하셨을 텐데요. 얼마나 많은 선생님이 학종을 활용해서 수업의 변화를 이룬 것 같나요?

고용우   예전에는 토론이나 발표 등의 학생 활동 중심 수업을 하면 다른 교사들이나 학교 관리자들이 탐탁하지 않게 보는 경우가 많았어요. 또 학생들도 공부에 별로 도움이 안 되는 번거롭고 귀찮은 일로 받아들이는 경우가 종종 있었고요. 그 시간에 기출문제라도 풀어야 되는데 수능에 별 도움이 안 되는 토론이나 발표 수업을 하고 있어도 되는가 하는 안 좋은 시선을 많이 받았죠. 그런데 학종이 도입되고 나서 그런 수업도 학생들에게 도움이 된다고 인정하는 인식의 변화가 생겼어요. 그래서 그런 수업을 시도했던 교사들에게는 지금 좋은 분위기가 형성되었다고 볼 수 있지요.

이기정   아무튼 학생부를 풍성하게 만들기 위해서, 정확히 말하면 교과 세부 능력 및 특기 사항을 풍부하게 쓰기 위해서 토론 수업도 하고, 발표 수업도 하는 경우가 늘긴 늘었는데요. 이런 수업이 옛날에는 당위적으로만 좋았는데, 이제는 입시를 위해서도 도입해야 하는 수업 방식이 된 거죠.

고용우   네, 그런 방식의 수업을 긍정적으로 여기는 쪽으로 관점의 전환이 일어났다는 것이 매우 중요합니다. 그것이 학종의 중요한 긍정적 측면이라고 생각합니다.

교사가 창작하는 학생부

이기정   토론이나 발표 수업을 실제로는 극히 일부 시간에만 했는데,

고용우・이기정

학생부에는 학기 내내 그런 수업을 한 것처럼 기록하는 경우도 있다고 들었습니다.

고용우 학종이 중요해지니까 일상적 수업이 아니라 학생부에 기록하기 위해서라도 잠깐 활동 수업을 하는 교사들이 많아진 것 같아요. 교사 일방의 주입식 수업을 하면 학생부에 기록할 게 딱히 없으니까요. 그래서 학생부 기록만 보면 활동 수업을 학기 내내 한 것처럼 보일 수도 있죠. 그러니까 학생부에 기록하기 위해서 잠깐 발표 수업을 하고 나머지 시간에는 기존의 방식대로 주입식 수업이나 기출문제를 푸는 수업을 많이 하죠.

이기정 사실 지속적으로 그런 방식의 수업을 하는 건 여건상 어렵지요. EBS 수능 연계 정책 때문에 고3 교실은 EBS 교재를 푸는 게 가장 일반적인 모습이거든요. 그런데 EBS 교재 문제 풀이 위주로 수업했다는 학생부 기록은 거의 존재하지 않을 겁니다. 수업이야 EBS 교재로 문제 풀이 수업을 했더라도 학생부에는 다양하고 창의적인 수업을 한 것처럼 기록하는 것이지요.

고용우 그러니까 일정 부분은 창작이지요. 저도 2017년에 3학년 「독서와 문법」, 「화법과 작문」 과목을 담당했어요. 하지만 『화법과 작문』 교과서를 들고 수업하는 모습은 상상하기 어려워요. 교과서는 잠깐 살펴볼 뿐 결국은 수능 교재를 활용한 수업을 하게 되더군요. 『수능특강』이나 『수능 완성』 같은 EBS 교재를 활용한 수업을 하게 되면 사실 학생부에 기록할 내용이 없지요. 그래서 저는 절충을 했어요. 교재의 바탕글을 학생들이 분담해서 미리 분석하게 한 뒤 수업 시간에 발표하도록 했어요. 학생들의 발표와 질의응답 태도에 관한 사항은 적되, EBS 교재를 활용했다는 건 굳이 학생부에 적지 않아요.

이기정 학생부를 쓸 때 객관적이고 공정한 기록 자체가 본질적으로 불가능한 측면이 있습니다. 사실을 있는 그대로 기록하면 되지 않느냐 하고 묻는 분이 계신데 현실에선 애초에 불가능합니다. 예를 들어 "실험 도구를 잘 다루고…"라고 학생부에 쓸 때, 실험 도구를 잘 다루는 것과 그렇지 못한 것을 어떻게 객관적으로 구별하나요? 마찬가지로 "감정을 살려 시를 잘 낭송하고…"라고 쓸 때, 도대체 한 반의 몇 명까지를 잘한 것으로 인정해야 하나요? 여기서 비롯되는 교사의 고통이 이만저만이 아닌 것 같습니다.

고용우 내가 수업하는데 우리 아이, 우리 반, 우리 학교 이런 '우리'라는 범위를 무시할 수 없지요. 교사가 정말 객관적으로 학생부를 기록하면 당장 민원이 들어올 겁니다. 학부모에게서 '우리 애는 왜 이렇게 기록했어요?'라는 항의를 받게 되겠지요.

이기정 객관적인 게 존재하느냐는 의구심도 있지만 최대한 객관적으로 장단점을 써 주면 되지 않느냐는 주장도 있어요.

고용우 장단점을 적어 줄 수는 있지만 실제로 단점을 적으면 아마 상당히 문제가 될 거예요. 학생부를 기록하다 보면 발전 가능성이라는 명목으로 어느 정도 단점을 에둘러 표현할 수도 있잖아요. 그런데 대개는 그렇게도 기록하지 않고, 실제 장점 또한 과대 포장을 하다 보니 거의 창작 수준에 이르는 경우도 많지요.

이기정 그래서 교사는 과장과 거짓말을 하고 있다는 자책감에 빠지기도 하고, 다른 한편으론 자신이 아이들을 위해 과장과 거짓말을 제대로 못하고 있다는 자책감에 빠지기도 하지요.

고용우 그렇지요. 학생부를 보면 없는 인물이 하나 창조된 것 같은 느낌도 들어요. 거짓인 경우도 있고, 조그마한 근거를 지나치게 미화하거나 과장하는 경우도 많고요. 그런데 자기 소개서나 추천서를 보면 학생부보다 더 심해요. 학생들이 써 오는 자기 소개서를 보면 사소한 것이 엄청나게 부풀려 있거나 사실이 아닌 내용이 들어가 있는 경우도 있거든요. 또 학생이 추천서를 써 달라는데 있는 그대로만 써 주는 교사가 어디 있겠습니까? 학종의 가장 큰 문제점이 바로 그런 것 같아요. 교사와 학생이 공범이 되어 학생이 좋은 점수를 받도록 꾸며야 한다는 것이죠.

이기정 어쨌든 자신이 가르치는 학생이 잘 되도록 노력하는 것이 교사의 본분이기도 하니까요.

고용우 일반고에서 예체능 계열로 입시 준비를 하는 학생들은 3학년 2학기가 되면 학원에 가서 실기 연습을 하고 싶어 해요. 그래서 학교에 오지 않거나 아침부터 학원에 가겠다고 하는 경우가 있어요. 이럴 경우 무단결석이나 조퇴로 처리해야 하는데, 이런 문제 때문에 학생과 담임, 학부모와 담임이 갈등하는 경우도 더러 있어요. 편의를 봐달라는 거죠. 어떤 학부모는 담임 교사가 학생의 진로를 위해 편의를 봐주지 않는다고 교육청이나 청와대에 민원을 넣기도 합니다. 그럴 경우 교사는 해명하는 공문을 제출해야 하는 등 이리저리 시달리게 되지요. 원칙을 지켜도 곤욕을 치르는 상황이니까 참 안타깝지요.

이기정 출결 사항은 다른 항목과 달리 객관적으로 기록해야 하는 측면이 있는데도요?

고용우 그런 경우에도 담임이 학생을 배려해 주지 않는다고 항의하니 안타까운 겁니다.

끝없이 늘어나는 각종 활동과 행사

이기정 지금까지는 학종과 수업의 변화에 대해 주로 얘기했는데요. 이제 학종과 학교 교육 전반을 연관시켜 볼까요? 학종으로 인해 봉사 활동이나 동아리 활동 등이 활발해진 것은 의심의 여지가 없겠지요?

고용우 활발해진 건 좋은데 과도하게 많아서 수업보다 다른 프로그램이 더 중요하게 여겨지는 듯한 느낌이 들 때도 있어요. 각종 특강이나 학생 활동, 경시대회가 학년별·교과별로 수시로 열리다 보니 거의 매주 행사를 하게 되는 것 같아요. 교사들은 그런 프로그램을 계속 준비하고 추진해야 하는 부담이 있어요. 물론 학생들에게도 부담은 크지요. 정규 일과 시간에는 그런 행사를 할 틈이 없으니까 저녁에 주로 하게 되고, 그래서 우리 학교의 경우는 야간에 절반 이상의 교사들이 학교에 남아 있어요.

이기정   경시대회도 예전보다 많이 늘었지요?

고용우   수시 모집을 대비해서 학교마다 학교 프로파일을 제출합니다. 그 내용을 보니까 2017년 3학년 기준으로, 1학년부터 3학년 1학기까지 열린 각종 경시대회가 100개가 좀 넘더군요. 우리 학교가 경시대회를 유달리 많이 하는 편에 들지 않는데도 그랬어요.

이기정   대부분의 학교에서 100개가 넘는다고 하더군요.

고용우   수능 준비로 3학년 때 행사를 조금 적게 한다고 보면, 1~2학년 때는 매년 거의 40개 정도의 경시대회를 치르는 셈이에요. 방학을 제외하면 거의 매주 경시대회를 하는 꼴이죠. 그리고 다른 수상 경력도 중요하니까 봉사상이나 선행상 같은 각종 상을 많이 만들기도 해요.

이기정   하여튼 학생들이 다양한 활동을 열심히 하는 것은 교사들이 오랫동안 꿈꾸어 왔던 바람직한 교육의 모습 아닙니까?(웃음)

고용우 그건 좋은데 횟수가 너무 많다는 거죠. 학생을 위해 프로그램을 만드는데 이게 정도가 지나쳐서 프로그램을 위해 학생이 필요한 경우도 있을 지경이지요.

과도한 학생부의 항목과 분량

이기정 학생부에 기록하기 위한 상의 개수를 최대한 많이 늘려야만 하니까 그런 상황들이 발생하는 거죠. 수상 경력 외에 다른 활동 기록은 어떤가요?

고용우 학생부에서 창의적 체험 활동이 경시대회 다음으로 신경을 많이 쓰는 부분이지요. 창의적 체험 활동은 자율 활동, 진로 활동, 동아리 활동, 봉사 활동으로 이루어지죠. 자율 활동과 진로 활동은 매년 1,000자까지 적을 수 있고, 동아리 활동과 봉사 활동은 500자씩 적을 수 있어요. 그런데 이 항목을 의미 있는 내용으로 채우려면 학교는 엄청난 행사를 준비해야 하고 학생도 엄청 열심히 참여해야 합니다. 담임과 동아리 담당 교사는 학생들의 활동 내용과 변화 양상을 개별적인 특성을 고려하여 기록해야 하고요. 거기다 봉사 활동 항목에는 특기 사항 500자에다 구체적인 활동 실적과 내용을 매 건마다 누적해서 기록합니다. 이외에도 독서 활동을 기록해야 하는데 과목 공통으로 500자, 과목별로 250자씩 기록해요. 게다가 담임은 1년간 학생의 모든 생활을 관찰한 뒤에 행동 특성 및 종합 의견을 1,000자까지 따로 기록해야 하고요.

이기정 학생의 입장에서는 학생부에 최대한 많은 내용을 채우기 위해 노력할 수밖에 없지요. 교사도 학생을 위해 최대한 많은 내용을 채워 주려고 하고요.

고용우 그러다 보니 무한 경쟁인 거예요. 어디까지 달성하면 된다는 한도가 없어요. 주변에 자신보다 더 많이 준비하는 친구가 있다면 자신은 그보다 더해야 되거든요. 성적은 만점이 있지만 학생부 내용에는 만점이 없어요.

이기정 입학 사정관들은 이렇게 말해요. "반드시 상을 많이 받는다고 좋은 게 아니다, 반드시 어려운 책을 읽는다고 좋은 게 아니다, 무조건 봉사 활동을 많이 한다고 좋은 게 아니다." 하지만 학생의 입장에서는 무의미한 말들입니다. 학생 입장에서는 더 많은 수상, 더 어려운 책 읽기, 더 많은 봉사 활동, 더 많은 동아리 활동… 이런 부담에서 벗어날 수가 없어요.

고용우 그렇지요. 어쨌든 학생들은 할 수 있는 한 학생부에 많은 내용을 채워야 한다는 압박에서 벗어날 수 없어요.

학생부 항목 단순화와 분량 축소

이기정 참 어렵습니다. 입시란 게 생각하면 생각할수록 곤혹스러운 것 같아요. 아까 수능 시험과 학교 시험 때문에 바람직한 수업이 이루어지지 못한다고 말하지 않았습니까? 그런데 학종이 이런 문제를 부분적으로 해결하긴 했지만, 그 대신 전에 존재하지 않았던 새로운 문제가 발생했으니 말입니다. 그러면 어떻게 해야 될까요? 학종을 개량하는 방향으로 문제를 해결할 수 있을까요?

고용우 학종을 개량하려면 학생부를 단순화하는 게 첫 출발이 되어야겠지요. 학생부를 단순화해야 한다는 것은 기록해야 할 항목과 분량을 축소해야 한다는 걸 말합니다.

이기정 항목과 분량을 줄이자는 선생님 의견에 동의합니다. 구체적으로 어떤 식으로 줄일 수 있을까요?

고용우 학생부는 인적 사항, 출결 사항, 수상 경력과 같은 기본 사항에다 진로 희망 사항, 창의적 체험 활동 상황, 독서 활동, 교과 성적과 과목별 세부 능력 및 특기 사항, 행동 특성 및 종합 의견 같은 걸로 구성되어 있어요. 창의적 체험 활동은 다시 자율, 진로, 동아리, 봉사 등으로 세분화되지요. 그리고 앞에서 말한 것처럼 분량도 만만치 않아요.

비슷한 것은 묶어야죠. 창의적 체험 활동에서 동아리, 자율, 진로, 봉사 활동은 지금 항목별로 나누어서 기록하게 되어 있는데, 동아리 활동을 제외하면 종합 의견 하나로 통합할 수 있을 것 같아요. 각종 경시대회 수상 경력은 교과 세부 능력 및 특기 사항에 포함하면 될 것 같고요. 물론 분량도 대폭 줄여야겠지요. 고등학교 한 학기의 수업은 34단위로 편성되어 있는데, 그중 30단위가 교과 수업이고 4단위가 창의적 체험 활동입니다. 창의적 체험 활동은 12%에 좀 못 미치는 비중을 차지하지요. 물론 정해진 수업 시수 이외에도 창의적 체험 활동으로 포함할 수 있는 각종 행사 등이 있긴 합니다만 많아도 그 비중이 25%를 넘긴 어려워요. 그럼에도 학종에서 창의적 체험 활동을 비롯한 비교과 영역이 절대적인 것으로 인식되는 이유는 학생부에서 이 영역에 할당된 분량이 너무 많기 때문이라고 생각해요.

이기정　저는 학생부 비교과 영역은 딱 3개만 입시에 반영해야 한다고 생각해요. 교과 세부 능력 및 특기 사항, 정규 동아리 활동 기록, 학생 자치 활동 기록 이 3개 말입니다. 저는 이 3개의 활동이 학교 교육의 핵심이라 생각하는데요. 수업, 동아리, 학생 자치 이것들만 잘되면 학교 교육은 성공한 것 아닐까요? 학교에는 너무나 많은 잡다한 활동이 존재해요. 이것들이 오히려 교육을 망치고 있어요. 물론 하나하나만 보면 그것들 나름대로의 교육적 의미가 있지요. 하지만 전체적으로 보면 이것들이 오히려 교육을 망치는 방향으로 작용하고 있어요. 이것들을 전부 없애거나 축소해야 오히려 학교 교육이 제대로 설 수 있다고 생각합니다.

고용우　학생부에서 항목을 통폐합하는 게 좋겠다는 생각을 앞에서 말씀드렸는데요. 학종이니까 학생부에서 항목을 없애 버리면 자동으로 그 항목들은 입시에도 반영되지 않겠죠.

학종을 개량한다고 과연 바람직한 입시가 될까?

이기정 학생부의 항목을 단순화하고 기록해야 할 분량을 축소하면 학종이 바람직한 입시의 대안이 될까요?

고용우 그렇게 되기는 아마 어려울 것 같습니다. 학종은 긍정적인 측면과 부정적인 측면을 동시에 갖고 있는데, 이게 어쩌면 우리나라 대학 입시가 처해 있는 딜레마 상황이 아닌가 싶어요. 수능 점수로 선발하는 정시나 내신 성적으로 선발하는 교과 전형은 평가의 기준이 명확한 반면, 획일적인 잣대에 의한 서열화라는 문제점이 있어요. 학종이 그런 서열화를 일부 해체하는 효과가 있지만, 과연 공정한 기준에 따라 선발하고 있는가 하는 문제의식이 끊임없이 제기되고 있습니다. 게다가 명확한 기준이 없으니 무작정 많이 준비해야 하는 부담도 있고, 과장과 허위도 있고요.

이기정 아까 말씀하셨듯이 학생과 학부모와 교사가 일종의 공범이 되어서, 과장되고 거짓된 내용으로 학생부를 만들기 때문에 입시의 대안으로 보기 어렵다는 말씀이시죠?

고용우 네, 게다가 자기 소개서 같은 경우에는 외부에서 도움을 받아 작성해 오는 경우도 있어요. 전체적으로 학종의 선발 자료가 정직하다고 보기 어려워요. 전적으로 신뢰하기 어렵기 때문에 학생부는 참고 자료 정도로만 활용할 수 있을 것 같아요.

이기정　학종의 자료들을 입시의 참고 자료 정도로만 사용하자는 의견이신데요. 결국 학종이 입시의 대안이 되기는 어렵다는 생각이신가요?

고용우　지금 현재 상황에서는 어떤 한 가지가 입시의 대안이 될 수는 없다고 생각해요. 대학이 서열화되고 학과마저 서열화된 상황에서 명확한 기준과 공정성을 요구하는 목소리가 있고, 서열을 파괴해야 한다는 당위성도 있거든요. 거기다 공교육 정상화와 사교육비 경감이라는 과제도 안고 있는데, 이런 것들이 서로 맞물리고 얽혀 있기 때문에 하나의 확실한 대안이 나오긴 어렵지요.

이기정　입시 공정성에 대한 국민들의 열망이랄까, 이런 것들을 학종이 충족시킬 수 없다고 보시는 거군요.

고용우　그렇지요. 공정하다는 인정을 받으려면 뚜렷한 기준이 있어야 되는데, 그렇게 되면 다시 모든 것이 계량화되어야 하니까 학종의 취지가 사라지죠. 또 학종이 계량화되면 대학이나 학과의 서열도 그대로 존속할 테고요. 그렇지만 현재처럼 놔두면 신뢰를 못 받을 테니 확대되기도 쉽지 않겠지요.

수능의 한계

이기정　선생님 말씀을 정리하면 결국 학종이란 게 입시의 해결책이 될 수 없다는 건데요. 그렇다면 우리가 다시 수능 위주의 입시 시대로 되돌아가야 하는 것일까요?

고용우　수능을 폐지할 때가 되었다는 얘기가 이따금 들리던데, 수능 시작한 지가 한 25년쯤 됐죠. 제가 처음 교사가 되었을 때 학력고사 체제였고, 몇 년 뒤에 수능으로 바뀌었어요. 수능 문제와 학력고사 문제를 비교해 봤을 때 성격이 전혀 달랐어요. 수능은 단순히 지식 암기로 해결할 수 있는 문제가 아니었거든요.

이기정　암기식 학습으로는 대비하기 어려운 시험이지요. 과거 학력고사보다는 차원이 높은 시험인 건 분명합니다.

고용우　그런데 문제는요. 수능 국어 영역을 예로 들어 볼게요. 국어과 교육 과정에는 말하기, 듣기, 읽기, 쓰기, 문법, 문학 영역이 있어요. 그런데 수능은 오지선다형 문제로 출제하다 보니 사실상 읽기 시험이 되고 말았어요.

이기정　화법 문제가 있긴 하지만 실제로는 말하기와 아무런 관련이 없고, 작문 문제가 있긴 하지만 실제로는 글쓰기와 아무런 관련이 없지요.

고용우　그러니까 수능 시험은 교육 과정을 심각하게 왜곡하는 결과를 낳았어요. 처음 수능이 도입되었을 때는 언어 영역이라고 했는데 2014학년도부터 교육 과정을 더 충실히 반영한다는 의미로 국어 영역으로 이름을 바꿨어요. 그래서 국어과 교육 과정의 모든 내용을 담는 형식으로 문제가 출제되었지요. 그러나 형식적으로만 담았기 때문에 말하기나 글쓰기 같은 실제 언어 활동은 전혀 중요하지 않게 된 거죠. 조리 있게 말 한마디 못하고, 제대로 된 문장 하나 못 써도 수능 국어 영역에서 만점을 받을 수 있는 거죠.

이기정 수능 국어 영역에서 말하기, 쓰기 영역에 대한 평가는 도외시되었지요.

고용우 문법도 마찬가지입니다. 말하기와 글쓰기를 바르게 할 수 있는 문법적 능력을 길러 주기보다는 약간의 문법 지식을 근거로 하는 읽기 문제가 출제되었거든요.

이기정 문법 문제를 그렇게 출제하는 건 암기식 공부를 배제하기 위한 노력의 하나가 아닐까요? 저는 그 부분은 긍정적으로 봅니다.

고용우 단순히 문법 지식만을 묻는 문제가 아니라는 점에서는 긍정적이지만, 그러나 역시 읽기 능력이 중요하거든요.

기출문제 풀이 수업

이기정 또 다른 문제는 뭐가 있을까요?

고용우 처음에 잠깐 이야기했듯이, 시나 소설을 읽는 힘을 길러서 시나 소설 문제를 해결하는 방향으로 수업이 이루어져야 하는데 현실은 그렇지 않아요. 기출문제나 예상 문제를 반복적으로 푸는 방식으로 수능 대비를 하는 것이지요. 제가 어느 해에 조사를 한번 해 봤는데요. 한 학생이 고등학교에 들어와서 수능을 볼 때까지 얼마나 많은 국어 영역 문제를 풀까 하고 계산을 해 보니까, 한 1만 문제쯤 되더군요. 그러니까 반복적으로 기출문제를 풀면서 문제 풀이 감각을 기르는 게 수능 국어 영역 준비라는 것이 일반적인 생각이에요.

이기정 그러니까 수능이 학력고사에 비해서 확실히 발전된 시험이고 더 바람직한 시험인 것은 확실한 것 같아요. 그러나 결국 수능 시험도 오지선다형 객관식 문제 풀이 훈련을 조장하는 것은 마찬가지긴 하지요.

고용우 더구나 요즘은 사교육비 경감을 위해 정부에서 EBS를 활용하라고 권장하잖아요. 수능을 EBS 교재와 연계하여 출제하고요. 그래서 학교 수업 시간에도 EBS 교재를 풀고, 중간고사와 기말고사에서도 EBS 교재에서 문제를 출제해요. EBS 교재의 수능 연계 비율이 70%라고 하니까요. 그런데 실제 따져 보면 그걸 연계라고 하기는 어렵지만, 어쨌든 대비하는 교사나 학생 입장에서는 EBS 교재를 무시하기 어렵지요.

이기정 당연히 압력을 강하게 받을 수밖에 없지요.

고용우 아까도 말씀드렸지만 고3 교실에서 『화법과 작문』교과서를 활용해서 말하기·쓰기 수업을 하는 것은 거의 불가능해요. 그 시간에 EBS 교재를 풀어야죠. 그래서 많은 학교에서 고3 수업은 아예 교과서를 버리고 EBS 교재를 활용하고 있어요.

이기정 그러다 보니 글쓰기 수업이나 토론 수업은 엄두도 못 내고요.

고용우 그런 수업을 할 필요가 없다고 생각하죠.

이기정 결국 수능 시험이 존재하는 한 교과의 본질을 살리는 수업을 하기는 어렵다는 얘기군요.

고용우 수능 위주의 입시가 강화되면 수업이 입시에 종속되는 현상이 더 심해지고, 결국 교육은 과거로 회귀할 수밖에 없다고 생각해요.

고교 학점제와 수업 정상화

이기정 학종이 입시의 해결책이 될 수는 없고, 또 학교 시험은 학교 시험대로의 문제점이 있고, 수능의 문제점도 적지 않고…. 참 답답하기만 한데요. 그래도 뭔가 해결책을 한번 모색해 봐야 하지 않겠습니까?

그래서 제가 주목하는 게 고교 학점제인데요. 문재인 대통령의 대선 주요 공약 중에 하나가 고교 학점제거든요. 공약을 보면 '교실 혁명'이라는 말이 등장합니다. 교실 혁명을 통해서 교육 혁명을 이루겠다는 발상이 있어요. 교실 혁명을 이루기 위해서는 수업이 우선 살아나야 하는데, 수업을 살리려면 학점제를 도입하자는 것이죠.

학점제를 통해 수업을 살릴 수 있다는 희망을 보는 사람이 적지 않은 것 같습니다. 저 또한 그렇게 생각하는 쪽이고요. 물론 학점제에 대한 인식이 사람마다 다른데요. 쉽게 얘기하면 학생들에게 과목 선택권을 준다는 것이지요. 저는 이것을 수학 포기자가 수학을 버리고 다른 과목을 선택할 수 있는, 영어 포기자가 영어를 버리고 다른 과목을 선택할 수 있는 권리를 준다는 식으로 이해합니다. 물론 이것이 학점제의 전부는 아니고, 아주 기본적인 내용이지요. 고교 학점제가 우리 교육의 희망이 될 수 있을까요?

고용우 우리나라 교육 체제에서 고등학교 교육이 차지하는 위상이 무엇인지 먼저 생각해 봐야 해요. 현재 2015 교육 과정에서 고1은 기본 공통 과정이고, 고2~3은 선택 과정으로 설정되었잖아요. 그런데 고등학교는 대학과 달리 인성 교육이라든가 하는 교과 교육 외에 다양한 활동과 교육을 하도록 규정하고 있어서 전적으로 교과 중심으로 운영할 수는 없어요. 그래서 고교 학점제를 시행하면 교과 선택의 범위가 어떠하고, 학교나 학급 단위의 활동은 어떻게 처리하며 교과 외적인 교육은 어떻게 할지에 대한 고민이 필요할 것 같아요.

교과목 문제로 한정해서 본다면, 지금도 공통 과목과 선택 과목으로 나눠 두고 있지만 실제로 학생 개인의 교과 선택은 미미한 수준이에요. 대개가 학교의 선택에 학생이 따르지요. 그러니까 선택 과정에 대한 인식이 먼저 바뀌어야 할 것 같아요. 물론 인식의 문제만이 아니라 학생 선택권을 강화할 때 뒷받침해야 할 여러 가지 제도적 장치들도 마련해야겠지요.

이기정 제도적으로는 선택 과정이 있지만 실질적으로는 못하고 있는 현실이죠.

고용우 그렇지요. 현실에서는 그 학교에 어떤 교사들이 있느냐에 따라 선택하는 과목이 결정되죠.

이기정 우리가 흔히 교육 선진국이라고 부러워하는 나라들이 있어요. 대표적인 나라가 핀란드지요. 프랑스나 독일의 교육도 우리가 부러워하는 것 같습니다. 이들 나라는 학점제라 할 수 있는 교육 과정을 운영해요. 그런데 그들의 학교를 보면 내신 제도가 우리와 크게 달라요. 우리처럼 상대 평가제가 아니라 절대 평가제인 것 같습니다. 그리고 교사 개개인에게 평가권이 주어져 있고요. 교사 개개인에게 자기 수업에 맞는 교과서와 교재를 선택할 수 있는 권한도 주어져 있습니다. 이러한 제도적 뒷받침이 없이 교실 혁명을 불러일으킬 학점제가 제대로 운영될 수 있을까요?

고용우 고교 학점제를 제대로 시행하려면 당연히 절대 평가를 기반으로 하는 교사별 평가가 선행되어야 해요. 학점제를 하면서 상대 평가를 유지하기는 어렵지요. 그리고 교과서 선정 체제도 바뀌어야겠지요. 현재 학교별로 채택하고 있으나 교사별로 선택할 수 있게 해야 하고, 자유 발행제로 전환할 필요가 있어요. 정부에서 제시한 교육 과정을 기준으로 교사는 자기 수업에 필요한 자료를 자기 나름대로 개발해서 수업에 활용할 수 있도록 해야 해요. 그 정도의 재량권을 부여했을 때 수업의 질적인 향상을 기대할 수 있을 거라고 생각해요.

이기정 지금 교사는 그냥 교과서를 해설하고 전달하고 있죠.

고용우 그렇지요. 해설하고 전달한 뒤에 그 내용을 잘 숙지하고 있는지 평가하고, 그 결과를 가지고 학생들을 줄 세우는 역할을 하는 거죠. 그러다 보니 교사가 자기 교과의 전문성이나 역량을 제대로 발휘하지 못하고 전달 기술자로 전락했죠.

고용우·이기정

고교 학점제 성공 키워드, 교사별 평가제

이기정 교사별 평가제라는 게 일반 국민들한테 아주 생소한 말인데요. 어려운 개념은 아니죠. 말 그대로 교사별로 평가를 다르게 할 수 있는 평가 제도입니다. 그런데 이게 왜 중요한지 일반 국민들은 납득하기 어려울 것 같아요. 교사별 평가제가 학교 수업의 변화를 위해 아주 중요한 제도이고 학점제를 위해서도 매우 필요한 제도라는 것을 어떻게 이해시킬 수 있을까요?

고용우 지금은 고등학교 내신이 상대 평가 체제로 되어 있고, 내신 성적이 입시에서 매우 큰 비중을 차지하니까 공정성이 아주 중요하죠. 지금 당장 교사별 평가를 하자면 당연히 공정성에 문제가 생긴다고 생각할 거예요. 그런데 내신 절대 평가 체제로 바뀌면 인식이 많이 달라질 거라고 생각해요. 그리고 실례로 대학에서는 교수별 평가를 계속해 왔어요. 그런데 아무도 문제 제기를 안 하지요. 그렇다고 대학 성적이 안 중요한 것도 아닌데.

이기정 대학에서는 교수별 평가가 기본 중의 기본이지요. 그래야 교수가 자신의 능력을 살려 수업을 하고, 그에 맞게 평가를 할 수 있으니까요.

고용우 대학교수는 교재나 수업 자료 선정, 수업 운영, 평가 모든 면에서 주도권을 갖고 있어요. 자율성이 있지만 한편으로는 전적으로 교수가 책임지고 운영하는 거죠. 그런데 지금 고등학교는 그게 불가능하고 대학교는 가능하다는 얘기잖아요? 합리적이지 않죠.

이기정 지금처럼 2~3명의 교사가 동일한 시험 문제로 공동 평가를 해야 한다면 반드시 교과서를 해설하는 수업을 할 수밖에 없어요. 창의적인 수업은 어렵습니다. 그렇기 때문에 수업의 질적 하향 평준화를 피하기 어렵죠.

고용우 교사가 자기 주도적으로 수업을 하려면 거기에 맞는 교재를 선택하고, 수업 자료를 스스로 개발할 수 있어야 하죠. 지금도 교육 과정에서는 재구성을 하라, 다른 자료를 이용하라고 하지만 기본은 국정이나 검정 교과서거든요. 그런데 이 교과서들이 교실 수업에 맞게 잘 구현했느냐 하면 그렇다고 답하기 어려워요.

이기정 교과서 집필자들이 교사와 학생들을 고려해서 교과서를 만든다고는 하지만, 교육부의 검정 심사 통과를 주로 염두에 두니까 그렇게 되는 거 아닐까요? 그 교과서를 그대로 수업에 활용하면 수업이 잘 안 돼요. 재미와 흥미와 본질을 잃기 십상이에요. 만약에 교과서 자유 발행제와 자유 선택제가 되면 정말로 수업에 쓸모가 있는 다양한 교과서가 나올 수 있지 않을까요?

고용우 나오게 되겠죠. 그리고 교사들 간에도 어떤 변화가 일어날 수 있을 것 같아요. 왜냐하면 지금까지 교사는 선정된 교과서를 수동적으로 가르치면 되었지만, 자기한테 재량권이 주어졌으니 그렇게 수동적으로 있을 수는 없거든요.

이기정　어렵겠지만 권한에는 책무가 따르는 법이니까요.

고용우　그렇지요. 그렇게 되면 지금보다는 훨씬 수업의 질이 향상될 수 있을 거예요.

고교 학점제 성공 조건

이기정　그렇다면 고교 학점제를 우리가 부러워하는 교육 선진국 수준으로 제대로 실행하려면 학생에게는 과목 선택권이 있어야 되고, 또 내신 절대 평가제와 교사별 평가제가 도입되어야 하고, 교사 개개인에게 교과서를 선택할 수 있는 권한이 있어야 된다는 결론인데요. 그런데 시범 학교에서는 이런 조건을 전혀 갖추지 못한 상태에서 고교 학점제를 시행하지 않습니까? 이래선 별다른 변화를 불러오지 못할 것 같은데요. 부작용도 있을 것 같고요.

고용우　현재 체제에서 시범 학교가 처해 있는 한계 같아요. 어떻게 보면 학점제는 틀을 완전히 바꾸는 건데 기존의 틀 속에서 운영해야 하니까요. 그리고 학생들의 선택 폭이 좀 넓어지기는 하겠지만 과연 학교에서 얼마만큼 그 선택을 허용할지는 알 수 없어요. 아울러 선택 폭을 넓히면 늘어난 과목 수를 감당하지 못하고 자칫 열악한 여건의 비정규직 교사들을 양산할 우려도 있지요.

이기정 그런데 지금까지 말한 고교 학점제의 제반 조건들을 갖추는 게 쉬운 일은 아닙니다. 내신 절대 평가제, 교사별 평가제, 교과서 자유 발행제와 자유 선택제 등 어느 것 하나도 쉬운 일이 아닙니다. 만약 이 제도들이 도입되면 내신의 입시 변별력은 현저히 약화될 수밖에 없지요. 그러면 지금의 입시 제도에 상당한 혼란이 일어날 게 명확하고요. 내신의 입시 변별력이 약화되면 학생부 교과 전형은 물론 학종조차도 지금처럼 유지되기 어려울 것입니다.

고용우 학생부를 기반으로 하는 전형 전체가 흔들리겠지요.

이기정 그렇게 되면 수능 위주의 입시로 돌아가잔 말이냐, 대학별 본고사 시대로 돌아가잔 말이냐 이런 비판이 나올 겁니다. 그러니까 또 이도 저도 못하는 상황이 발생하겠죠.

고용우 수능 상대 평가냐 절대 평가냐 논란이 있었을 때도, 수능이 절대 평가로 되면 내신 비중이 강화될 거라는 문제가 제기되었어요.

이기정 내신의 비중이 강화되면 지금 있는 내신 제도의 문제점이 더 악화되겠죠. 아이들이 한 문제 한 문제에 더 예민하게 신경을 쓰게 될 테고요. 교사들은 문제 시비를 없애기 위해 점점 더 객관식 문제를 출제할 수밖에 없고요. 그러면 수업 또한 이러한 시험에 맞추어 점점 더

고용우 · 이기정

단편적 지식 위주의 수업을 하게 되겠죠.

고용우 그렇지요. 그럼 수능 시험의 질이 높으냐, 학교 시험의 질이 높으냐 이런 논의가 이어지다가 결국 시험의 질이 높은 수능 시대로 돌아가야 하는 것 아니냐는 말이 나올 테고요. 그러니까 수능과 내신 둘 중 하나를 절대 평가로 하는 것은 쏠림 현상을 초래할 수 있어서 대단히 큰 문제가 됩니다.

교육 정책이 사교육 유발에 너무 신경 쓰지 말아야

이기정 입시는 사실 답이 없지요. 그래도 입시의 해답을 찾아서 계속 고민을 해 봐야겠지요.

고용우 앞으로 변화가 일어나기는 나겠지요. 왜냐하면 일단 기본적으로 학생 수가 줄어드니까요. 2017년 고2에 비해 중3 학생들 수가 20% 이상 적습니다.●

이기정 12만 명 정도 되는 인원이죠?

고용우 당연히 그만큼 대학 진학 인구도 줄어들겠죠. 2017년 3월에

● 2017년 4월 기준 고2 학생 수는 579,250명, 중3 학생 수는 459,935명이다.(출처: 한국교육개발원, 「2017년 유·초·중등 교육 통계 학교별 주요 현황(2017. 12.)」)

발표한 대학 구조 개혁 기본 계획에 보면 2018학년도부터 5년간 대학 입학 자원이 12만 명 정도 감소하는 걸로 추정하고 있더군요. 최근 자주 듣는 말인데, 지방의 4년제 대학이나 전문대에서는 지원 학생이 없어서 매우 힘들어하고 있다고 해요. 현재 등록금만 내면 갈 수 있는 대학이 우리나라에 상당히 많습니다. 대학 입장에서는 한 명 한 명이 소중한 인적 자원인 셈인데 앞으로는 이런 현상이 더 심해지겠지요.

이기정 수험생이 줄어드니까 앞으로 입시 경쟁은 완화될 수밖에 없다는 말씀이시죠?

고용우 입시 경쟁은 상위 몇 % 외에는 점차 약화될 가능성이 크고 대학들이 학생을 유치하기 위해서 상당히 치열하게 경쟁하는 구조로 바뀔 것 같아요.

미국에서 대학교수로 일하는 친구가 있는데 이 친구는 박사 과정까지 우리나라에서 마쳤으니까 우리나라 교육 실정에도 익숙해요. 그 친구와 입시와 관련해서 이야기를 하다가, 요즘 우리나라에서는 학종

● 입학 자원 추계 정책 연구 진행

학년도	'18	'19	'20	'21	'22	'23
입학 자원(추정*)	519,857	506,286	470,812	427,566	410,960	398,157
감소분(전년 대비)	Δ877	Δ13,571	Δ35,474	Δ43,246	Δ16,606	Δ12,803

– 출처: 교육부, 「2주기 대학 구조 개혁 기본 계획 발표(2017. 3. 9)」

고용우·이기정

의 공정성에 대한 문제 제기가 많다고 이야기했더니, 그게 왜 문제가 되냐고 반문하더군요. 대학에서 자기들이 가르칠 만한 학생을 선발해서 데려가겠다는데 이게 왜 문제가 되느냐는 거예요. 그 사회에서는 대학이 재능 있는 인재라고 판단하면 자기들의 기준으로 선발하고, 대신 그 판단에 대한 책임도 자기들이 진다는 거였어요. 프로 축구나 야구 구단에서 신인 선수를 선발할 때, 물론 성적을 중시하겠지만 자기 구단에 제일 필요한 선수를 데려와서 키우는 구조와 유사한 것 같아요. 물론 그 사회는 상당히 많은 부분에서 우리 사회와 다르지요. 우리는 그만큼 선택의 폭이 넓지도 않고, 대학도 치열하게 서열화되어 있으니까요. 우리나라는 그 대학에서 무엇을 배웠느냐보다는 어느 대학에 들어갔느냐가 더 중요하잖아요? 그런 문화가 있기 때문에 상당히 어렵겠지만, 그래도 대학에 어느 정도 선발권을 부여하는 방향으로 입시 제도의 변화가 필요한 시점인 것 같아요. 입시 정책이 너무 사교육비 문제에만 얽매이지 말고요.

이기정 실제로 사교육비 경감이 입시 정책 개정의 가장 큰 목표가 되어 버렸어요.

고용우 사교육 유발 여부에 너무 신경을 쓰는 것 같아요. 그런데 사교육비를 경감하려고 했던 정책이 성공한 적이 없어요.

이기정 학종이 그 정책 중에 하나였는데, 사교육을 줄였다고 보기는 힘들지요.

고용우 학종은 내신 준비에다 수능 최저, 그리고 학종 준비를 위한 컨설팅이라는 새로운 영역까지 생겨서 오히려 사교육이 더 늘었다고 볼 수 있어요. EBS 연계 정책도 마찬가지에요. EBS 교재를 학원에 가서 풀거든요. 전체적으로 사교육비가 조금 줄었다고 하는데 주변에서 볼 때 그렇게 준 것 같지는 않고요.

이기정 오히려 늘었다는 통계도 있으니까요. 그러나 줄었을지도 모릅니다. 물론 줄어도 아주 조금 줄었겠죠.

고용우 학교 수업까지 EBS 교재로 하니까 피해가 엄청 크지요. 그런 의미에서 보면 사교육비 절감이 교육 정책의 중심이 되는 것은 조금 문제가 있을 수 있어요. 교육적으로 적절하고 타당한 정책이 중심이 되어야 하는데, 자꾸 부차적인 게 오히려 중심인 것처럼 중요하게 얘기되고 있어요. 그래서 효과를 발휘하지 못하는 교육 정책이 반복되고 있는 것 같아 안타깝습니다.

이기정 교육 자체가 살아나게 정책을 내놓는 게 우선이지요. 그게 사교육에 어떤 영향을 줄 것이냐는 어쩌면 그다음 문제고요. 실효성 있고 교육적인 정책이 나오길 바랍니다.
　지금까지 좋은 말씀 감사합니다.

고용우 고맙습니다.

3장

지금은 구한말, 교육 개화의 시기

입시 혁명은 시험 개혁이 우선되어야 한다

이
혜
정

서울대학교 사범대 학부와 대학
원에서 잘 가르치고 배우는 방법을
10년 넘게 가르쳤고, 서울대 교수
학습개발센터에서 약 7년간 교수
들의 강의를 분석하고 컨설팅했다.
세계 각국 20여 곳의 명문대들을
직접 방문해 교육 정책 담당 기관
장들을 인터뷰하면서, 대학 교육의
질을 높이기 위해 어떤 노력을 할
수 있는지 개별 교수부터 대학 기
관까지 다양한 차원에서 분석했다.
수년간 축적된 연구들을 기반으로
『서울대에서는 누가 A⁺를 받는가』
와 『대한민국의 시험』을 출간해 언
론의 집중 조명을 받았다. 현재는
교육과혁신연구소의 소장으로 있
으면서 교육 문제 해결 방안에 대
해 탐구하고 있다.

서울대에서 A⁺를 받는 학생

이기정　박사님이 쓰신 2권의 책, 『서울대에서는 누가 A⁺를 받는가』, 『대한민국의 시험』이 교육계에 큰 반향을 일으켰습니다. 특히 『서울대에서는 누가 A⁺를 받는가』가 그랬는데요. 이 책을 안 읽으신 분들이 꽤 궁금해하실 것 같아요. 대체 서울대에서는 누가 A⁺를 받나요?

이혜정　원래는 서울대의 교육 방식에 문제가 있다는 관점을 가지고 연구를 시작한 게 아니고요. 학생들이 공부를 어떻게 해야 하는지 어려워하기에, '서울대에서 공부를 좀 잘한다는 학생들의 공부법을 추출하고 잘 분석해서 신입생 오리엔테이션 같은 때 알려 주면 좋겠구나.', 이런 생각으로 연구를 시작했습니다. 그런데 연구를 진행하다 보니, 학점과 정비례한 전체 학생들의 공통적인 반응이 나타났어요. 설문 조사의 여러 문항들에서 일관된 반응이 나왔는데요. 결과는 더 수용적이면 수용적일수록, 즉 교수의 지식을 무비판적으로 그냥 받아들이고 그걸 그대로 토해 내는 학생일수록 학점이 높고, 비판적이고 창의적인 답안을 쓴 학생일수록 학점이 낮았어요. 그런데 그 수용적인 방법이라는 게 문제가 있어요. 예를 들어서 노트 필기를 할 경우에는 요점만 정리하거나 키워드만 적으면 안 돼요. 그냥 교수의 '말'을 문장 형태로 적어야 돼요. 그러고 나서 시험 답안지에 교수가 사용하는 용어를 그대로 쓰는 거죠. 고학점을 받은 학생일수록 시험 답안지에 교수가 쓰는 용어, 교수의 관점, 교수의 해석과 논리의 흐름까지를 그대로 쓰는 게 중요하다고 생각하고 있었어요.

이기정 수업하는 교수의 말을 수동적으로 받아들이고 그것을 가급적 그대로 암기하는 학생일수록 A⁺를 받는 경향이 있다는 말씀이시죠?

이혜정 네, 그런데 학생들은 그렇게 써야 교수가 점수를 잘 준다는 생각 때문에 그런 게 아니더라고요. 이렇게 물어봤어요. "네가 교수와 의견이 다른데, 네가 생각하기에 네 생각이 더 옳아. 네 생각이 더 맞는 것 같아. 그러면 네 생각을 시험이나 과제에 쓰니, 안 쓰니?" 그런데 A⁺를 받은 학생들의 90%가 안 쓴다고 답했어요. 그 이유는 '학점을 잘 못 받을까 봐'가 아니고요. "교수님과 제 생각이 다르면 제 생각이 틀렸겠지요."라는 거예요. 교수는 자신보다 훨씬 더 공부를 많이 했으니 자신의 생각이 틀렸을 것이라고 지레 판단하고 있었다는 거죠.

현재의 시험, 이대로 괜찮은가?

이기정 『대한민국의 시험』이라는 책도 쓰셨는데, 대한민국의 시험에 학점을 매겨 보면 어떻게 될까요? 말씀을 들어 보니 A는커녕 B학점에도 크게 못 미칠 것 같은데요.

이혜정 무엇을 평가하느냐는 시대와 목적에 따라서 달라질 거라고 생각해요. 우리나라의 산업이 한창 발전했던 1970~1980년대 상황에서는 시대가 필요로 했던 지식의 종류가 생성적이나 응용적 지식이 아니라 제조적 지식이었어요. 그래서 그 당시에는 수용적 학습을 통해 만들어진 제조적 지식을 평가하는 것이 효과적이었어요. 한 40~50년

이혜정 · 이기정

전, 극빈국에서 막 경제 발전을 하려던 그 시절에는 창의적·비판적 사고력 교육보다 선진 지식의 빠른 수용 학습이 우리나라의 산업 구조에 더 맞았기 때문이에요. 무비판적으로 지식을 수용하는 교육이 시대적 요구에 위배되지 않았던 거죠. 그런데 지금은 이미 사회의 산업 구조가 바뀌어서 이 제조적 지식만으로는 더 이상 산업을 발전시킬 수 없는 구조가 되었어요.

이기정 시대와 목적에 따라 평가의 방식이 달라져야 한다는 말씀이시죠? 현재의 산업 구조는 확실히 1970~1980년대와는 많이 다릅니다.

이혜정 지금 단순 제조업들은 대부분 베트남, 인도, 중국 등으로 이전했고, 우리나라의 산업 구조는 생성적·응용적 지식을 필요로 하는 단계에 왔어요. 그런데 여전히 학생들은 제조적 지식을 무장한 채 배출되거든요. 그렇기 때문에 구직자들은 직장이 없다고 아우성이지만 산업체에서는 인재가 없다고 아우성이에요. 이 미스매치가 계속되고 있는 이유는 제조적 지식만 평가하는 시험을 계속 보고 있기 때문이에요. 이런 시험과 평가 체제에 점수를 매기자면 F학점을 주고 싶지만 너무 심하다면 D⁻?

이기정 D⁻ 학점이라면 학사 경고감이네요.

이혜정 대학에서 학사 경고를 받으면 졸업을 못하잖아요. 지금 이 상태로 계속 가면 나라가 굉장히 위태로워질 거예요. 발전을 안 하는 수준이 아니라 점차 망해 갈 수준이라고 생각합니다. 과장이 아닙니다. 우리는 나라가 망하는 걸 겪어 봤잖아요. 시대의 흐름을 읽지 못하면 냉혹한 국제 관계 속에서 결국 나라를 잃게 됩니다.

시험, 꼭 필요한가?

이기정 항상 이놈의 시험 때문에 모두가 힘들어하지 않습니까? 공부 잘하는 학생이나 못하는 학생이나 모두가 말예요. 학부모들도 마찬가지지요. 공부를 잘하는 자녀를 둔 학부모나 못하는 자녀를 둔 학부모나 모두가 힘들어하니까요. 이놈의 시험을 아예 없애 버리면 어떨까요?(웃음)

이혜정 없으면 좋기는 하겠죠. 그런데 사회적으로 선발의 목적으로도 시험이 필요하지만 교육학적인 관점에서도 시험은 필요해요. 다음 교육 단계로 나아가기 위해서는 중간중간의 형성 평가, 마무리 단계의 총괄 평가가 교육적으로도 굉장히 도움이 되거든요. 학생들에게는 어떤 종류의 질문이 주어지느냐에 따라서 어떤 종류의 생각을 할지 결정이 돼요. 그러니까 질문을 잘하는 것, 즉 시험 문제를 잘 내는 것이 교육적으로 굉장히 중요합니다.

이기정 박사님께서 시험에 천착하시는 이유가 바로 그 때문인가요?

이혜정 우리나라의 국가 교육 과정을 살펴보면, 교육의 목표는 엄청나게 잘못됐다고 보기 어려워요. 왜냐하면 좋은 말이 다 들어가 있으니까요. '창의', '전인적', '융합' 등등 국가 교육 과정에 나와 있는 문자들을 보면 아주 그럴듯해요. 문제는 이 교육 목표가 계속 달성이 안 되는 거예요. 그런데 수십 년 동안 교육 목표가 달성이 안 되었는데도 그 이유를 모니터링하는 시스템이 전혀 없었어요. 그래서 제가 그 이유를 분석해 보니까, 잘못된 것은 교육 목표가 아니라 결국 평가라는 결론을 얻었어요.

이기정 그러니까 우리 교육이 잘못된 것은 교육 목표나 교육 과정도 아니고 수업 방식도 아니고, 결국 잘못된 시험을 보고 있기 때문이란 얘기지요?

이혜정 교수법을 살펴보면, 현재 온갖 종류의 좋은 자료와 교수 방법들이 차고 넘칩니다. 프로젝트 학습법, PBL(문제 중심 학습법), 거꾸로 수업, 토론 학습 등등 많은데요. 교수법은 가치 중립적이에요. 이 교수법들이 비판적·창의적 사고력을 기르는 교육에도 적용될 수 있지만, 매우 수용적인 학습을 할 때에도 훌륭한 도구로 사용될 수 있어요. 그러니까 추구하는 평가 철학에 따라 가치 중립적인 도구의 쓰임이 달라집니다. 그래서 어떤 평가를 하느냐가 먼저 정해지면 수업 방식은 그에 최적화된 방식으로 바뀌게 됩니다.

저급하고 치사한 시험 문제

이기정 시험이란 시험을 모두 다 얘기할 순 없으니 초점을 중·고등학교의 시험에 맞췄으면 합니다. 중·고등학교 시험의 제일 큰 문제는 뭐라고 생각하시는지요?

이혜정 중·고등학교 시험에서는 '시험 문제는 이런 것이다.'라는 원형을 수능 문제에서 찾고 있어요. 교사들은 시험 문제를 수능 문제처럼 내야 된다고 생각하고 있는 거죠. 그래서 일선 학교에서는 수능 문제 모델을 참고해서 내신 시험 문제를 출제합니다. 물론 여러 전문가들이 몇 주씩 걸려 출제한 수능보다 문제가 훨씬 차원이 낮게 마련이죠. 그리고는 수능에서 60만 명을 9등급으로 나눈 것처럼, 내신 시험에서는 훨씬 더 적은 인원을 9등급으로 나누지요.

이기정 예, 같은 학교 학생들끼리 줄을 세우지요. 과목별로 1등부터 꼴등까지 줄을 세우고, 이를 바탕으로 또 1등급부터 9등급까지 줄을 세우지요.

이혜정 네, 그런데 때로는 이 한 학교의 애들이 전국 수능으로 보면 1~2등급에 모여 있는 경우도 있어요. 과학고나 외고 같은 경우가 그렇겠죠. 그러면 그 애들을 다시 9등급으로 나누어야 해요. 반드시 서열을 정해야 되니까요. 그러다 보니 시험에서 아는 것을 측정하는 문제를 내는 게 아니라, 말도 안 되는 치사하고 저급하고 저열한 문제를

이혜정·이기정

내는 거죠. 사실 교육학적으로 시험의 본질은 그게 아닌데, 사회적으로 선발과 변별과 줄 세우기의 도구로 사용하다 보니까 시험이 굉장히 비교육적이고 반교육적인 형태가 되었어요.

이기정 제가 얼마 전에 상위권 외고 출신의 젊은이와 대화를 나눈 적이 있어요. 그때 제가 그에게 대한민국 시험 중에서 제일 편협하고 치사한 시험이 외고 시험이 아니냐고 질문을 던진 적이 있어요. 농담을 섞은 질문이었지만 제 나름대로 그렇게 생각하는 근거는 있었어요.

외고는 공부 잘하는 학생이 많이 모여 있는데 그 학생들을 또 명확하게 줄 세워야 되잖아요? 1등부터 꼴찌까지, 1등급부터 9등급까지 철저하게요. 그런데 학교 시험의 경우 교사들은 수업 시간에 가르친 내용만 출제해야 해요. 영어나 국어의 경우엔 수업 시간에 가르친 글을 지문으로 활용해야 하지요. 영어 시험을 생각해 보세요. 이 외고 학생들의 경우 시험에 나올 지문에 대한 공부는 이미 거의 완벽하게 해 놓았거든요. 그런데 그런 학생들을 반드시 1등부터 꼴찌까지 줄 세워야 해요. 그럼 문제를 출제할 때 교사들이 주로 어디에 신경을 쏟게 될까요? '어떻게 해야 학생들이 문제를 적당하게 틀려 줄까?', 여기에 신경을 쓸 수밖에 없어요. 그러니 문제가 지엽적이고 치사해질 수밖에 없는 거죠.

그 외고 졸업한 친구가 이런 이야기를 하더라고요. 그런 시험 문제에 맞추어 공부를 하게 되니까 학생들이 공부에 들인 노력만큼 지적 능력이 향상되는 것 같지 않다고요. 시험공부를 통해 지적 자극을 별로 받지 못하고, 오로지 줄 세우기 경쟁에서 더 높은 곳에 도달하기 위한 공부를 할 뿐이라고요.

학교 시험의 경우 공부를 못하는 학생이 많은 학교의 시험이 오히려 덜 치사해요. 너무 세밀하거나 지엽적인 걸 굳이 출제할 필요가 없으니까요.

이혜정 맞아요. 도서 지역이나 산간벽지에 있는 학교의 시험이 오히려 더 교육적이에요.

교육 과정 학계에서 아주 권위 있는 하버드 대학교의 브루너 교수는 '나선형 교육 과정'이라는 이야기를 하셨어요. 나선형 교육 과정이란 초-중-고의 교육 과정이 나선형 모양으로 이루어져야 한다는 거예요. 그런데 그것의 핵심은 나선형에 있는 게 아니라, 교육 내용으로서의 지식의 구조는 교육 수준에 관계없이 그 성격이 동일하다는 거예요. 예를 들면 물리학자가 물리학 실험실에서 하는 물리학적 사고와 초중고 학생들이 수업에서 배우는 물리학적 사고는 질적으로 동일해야 한다는 거죠. 질적으로는 동일하지만 학생의 눈높이에 맞게 다른 용어를 사용하여 교육해야 한다는 거죠. 그 말에 따르면, 각 대가들의 사고 과정과 초·중·고 학생이 수업에서 배우는 사고 과정이 질적으로 동일해야 되고, 그래서 이 대가들은 각 전문 분야의 초·중·고의 내신 시험 문제를 풀 수 있어야 돼요. 그런데 우리나라의 내신 시험은 너무 치졸해서 각 분야의 대가들이 와도 못 풀어요.

이기정 시험 문제가 너무 지엽적이고 단편적이어서 그렇다는 말씀이시죠?

이혜정·이기정

이혜정 우리나라 학생들은, 저자가 자기 작품에 대한 문제를 풀지 못하는 국어 시험을 보고, 필즈상을 탄 수학자도 제한된 시간 내에 풀지 못하는 수학 시험을 보고, 옥스퍼드 영문과 교수도 풀 수 없는 영어 시험을 봐요. 수능이든 내신이든 마찬가지예요. 대가들이 와서 딱 보고 이 문제를 못 풀 것 같으면 시험 문제를 잘못 낸 거예요. 그러니까 대가들이 풀 수가 있느냐 없느냐가 시험 문제 출제의 기준이라고 생각해요.

이기정 한편에서는 이런 얘기를 해요. "사실 모든 문제가 그렇게 저급하지 않다. 어쩌다가 한두 문제가 그럴 뿐이다."라고요. 실제로 보면 괜찮은 시험 문제도 꽤 많아요.

이혜정 저는 바로 그 이상한 한두 문제가 중요하다고 생각해요. 대부분 애들이 정상적인 문제는 잘 안 틀려요. 저급하고 저열하고 치사한 그런 문제를 틀려요. 그러면 그런 문제에서 변별이 생기고 그런 문제에서 등급이 갈려요. 그래서 애들은 그 등급에서 떨어지지 않기 위해서 그런 이상한 문제를 사수하려고 해요. 그런 문제에 목숨을 걸어요. 또 학교 주변의 학원에서는 그런 문제에 최적화되도록 애들을 훈련시켜요. '○○중학교 내신반', '××고등학교 내신반' 등에서 각 학교의 출제 경향을 예측하고 훈련시키잖아요. 그러다 보니 성적이 좋은 아이들일수록 그런 문제 풀이에 적합한 아주 불필요한 능력이 길러져요.

획일적인 잣대의 줄 세우기식 시험

이기정   시험의 패러다임을 바꿔야 하는데요. 그래서 학교에서도 논·서술형 문제를 출제하기 위해 노력하고 있어요. 교육부와 교육청이 여러 통로를 통해 논·서술형 문제를 장려하죠. 그런데 논·서술형 문제라고 해서 무조건 좋은 게 아니에요. 오히려 잘못하면 더 나쁜 문제가 될 수도 있어요. 암기식 공부를 더 크게 조장할 수도 있거든요. 5개 선지 중에서 하나를 고르는 오지선다형 객관식 문제는 어떤 지식을 100% 완벽하게 암기하지 않아도 정답을 찾을 수 있잖아요. 그런데 논·서술형 문제는 달라요. 논·서술형 문제가 암기된 지식을 정답으로 요구하면 학생들은 정답 내용을 100% 완벽하게 암기해야 해요. 그래서 교육부나 교육청이 학교에 논·서술형 문제를 권장하면 할수록 오히려 그게 암기식 공부를 더 크게 조장할 수 있어요.

이혜정   그래서 저는 답이 서로 달라도 어떤 종류의 답안에 A를 줄 것인지에 대한 방향, 패러다임이 먼저 설정되지 않는다면, '논·서술형 문제를 많이 내자, 객관식 평가를 벗어나자.'와 같은 말은 공허한 구호라고 생각해요.

이기정   저는 수행 평가를 채점할 때 변별력을 크게 주지 않아요. 그렇게 하면 학생들에게 생각과 주장을 길게 쓰게 하는 평가를 할 수가 있어요. 제가 이런 말을 하면 중간고사와 기말고사에도 그런 문제를 내고 그렇게 채점하면 되지 않느냐고 말하는 분들도 계세요. 하지만 학생들에게 자신의 생각과 주장을 길게 쓰게 해 놓고 그걸 채점해서 1등부터 꼴찌까지 줄을 세우면 문제와 채점에 대한 시비가 엄청 발생할 수밖에 없어요. 교사들이 감당하지 못할 거예요. 그래서 절대로 그런 식으로 문제를 못 내죠.

사실 대학 입시에서 논술 고사는 채점 결과를 공개하지 않잖아요. 시험지를 채점하는 교수들이 그 후에 수험생과 계속 관계를 맺지 않잖아요. 하지만 학교는 달라요. 학교에서는 채점 결과를 공개해야 해요. 학생들에게 점수를 확인시켜 주고, 이의 제기를 받아야 해요. 또 채점한 교사는 학생과 계속해서 관계를 가져야 해요. 그런데 학생들의 생각을 글로 길게 쓰게 하는 문제에서 1, 2점 정도는 채점할 때마다 달라질 수 있어요. 그래서 93점을 받은 아이가 왜 95점이 아니냐고 이의를 제기하면 그 학생을 설득할 방법이 사실상 존재하지 않아요.

이혜정 그렇죠. 채점 기준을 정해서 논리적으로 잘 채점하면 된다고 말하시는 분들도 계신데, 실제로 수십 수백 장의 논술 시험지를 채점하다 보면 변수가 많아서 논리적으로 점수 매기기가 힘들죠.

이기정 그런데 그 1~2점 때문에 등급이 달라진다고 생각해 보세요. 대학 진학에 상당한 영향을 미친다고 생각해 보세요. 학생들은 끝없이 시비를 걸 수밖에 없어요. 그러니 결국 교사들은 객관식 문제를 선호할 수밖에 없어요. 그런데 정부가 논·서술형 문제를 계속 내라고 하면 정답이 뚜렷한 논·서술형 문제를 출제할 수밖에 없지요. 그런 논·서술형 문제는 사실상 객관식 문제에 불과하죠.

그래서 드리는 말씀인데요. 박사님께서 말씀하시는 학생들의 사고력을 기르는 그런 학교 시험이 가능하려면 먼저 평가 제도를 개선해야 하지 않을까요? 현재처럼 학생을 한 줄로 세우는 그런 평가 제도는 더 이상 존재해서는 안 되지 않을까요?

물론 그렇게 되면 또 대학 입시에 문제가 발생할 수 있지요. 학교 시험을 바꾼다고 줄 세우기를 해 주지 않으면 대학에서는 내신 성적을 지금처럼 입시에 활용하지 않을 테니까요. 그럼 내신 대신 수능이나 본고사나 논술 고사의 기능이 더 강화되겠지요. 그럼 또 그것대로 문제가 생기게 될 테고요.

이혜정 대학에서는 생존을 위해서라도 절실하게 우수한 학생을 선발하고 싶어 해요. 그런데 지금처럼 수능과 내신 점수로 줄 세워서 순서대로 선발하면 과연 우수한 학생을 선발한 걸까요? 아니거든요. 점수로 줄을 세우는 건 올림픽에서 수많은 종목을 무시하고 모두를 달리기 하나로 줄 세운 것과 마찬가지예요. 예를 들어 올림픽 지원자가 600명이라면 그중에 김연아와 박태환처럼 다른 종목을 잘하는 사람은 달리기에서 150등이나 300등 정도밖에 못할 수도 있어요. 그럼 김연아와 박태환은 '나는 왜 이렇게 무능할까? 나는 왜 이렇게 못할까?' 이런 좌절을 하면서 살겠죠. 그러니까 지금의 평가 제도에서는 그런 보석이 될 원석을 놓치고 있는 거예요. 대학의 입장에서 보면 수능으로 줄 세워서 선발하는 게 가장 비용 대비 효과적입니다. 그런데 굳이 번거롭게 입학 사정관을 고용해서 시간을 들여 다양한 방식으로 선발하려는 이유가 뭘까요? 수능 점수로만 들어온 아이들이 경쟁력이 없다는 것을 알기 때문입니다. 줄을 세워서 선발했는데 사회에서 요구하는 인재상과 다르다면 대학의 입장에서 봐도 제대로 된 역량을 가진 사람을 타당하게 뽑았다고 볼 수 없죠. 그러니 우리 교육이 개혁되려면 대입을 포함한 평가 제도가 혁명적인 수준으로 바뀌어야 합니다.

시대가 요구하는 시험

이기정 사회에서 요구하는 능력을 갖춘 인재를 제대로 뽑을 수 있는 평가 제도가 필요하고, 또 그러한 평가가 가능한 시험이 필요하다는 말씀이시죠?

이혜정 시대에 따라 요구하는 능력과 필요한 교육이 따로 있다고 생각해요. 예를 들어서 고구려 시대에는 활을 잘 쏘고 말을 잘 타는 능력이 굉장히 중요한 시대였거든요. 시대가 그걸 요구했다고요. 그런데 지금은 스포츠 영역 외에 활을 잘 쏘고 말을 잘 타는 능력으로 세계 무대에서 우리가 할 수 있는 일이 거의 없단 말이에요.

이기정 그보다는 생각의 힘, 생각하는 능력이 중요한 시대가 되었죠.

이혜정 그러니까 시대가 요구하는 능력이라는 게 있는 거죠. 구석기 시대가 요구하는 능력과 지금 시대가 요구하는 능력은 다르죠. 지금 시대가 요구하는 능력은 비판적·창의적으로 사고하고 소통하고 협업하는 능력이에요, 컴퓨터처럼 빅데이터를 수집하고 흡수하는 것이 아니라. 지금 시대에는 컴퓨터가 인간 대신 빅데이터를 저장하잖아요. 그래서 우리가 똑같이 그 빅데이터를 저장하는 능력을 키워 봤자, 더 이상 경쟁력이 없어요. 이러한 시대로 가고 있는데 여전히 똑같은 교육을 한다면 우리는 세계적인 경쟁에서 질 수밖에 없어요. 줄 세우기 시험으로 전교 1등을 해서 서울대를 가 봤자 세계적인 경쟁에서 밀릴 수밖에 없어요. 학생 선발이 아주 공정하고 신뢰할 만하게 됐다 치더라도 세계적인 잣대로 봤을 때 타당하게 뽑히지 않은 거예요. 그러니까 현재의 입시 선발 시스템은 앞으로는 효과가 없게 될 거예요.

이기정 우수한 능력을 가진 인재를 뽑으려는 건 대학들의 공통된 목표인 것 같아요. 그런데 현재의 입시 제도와 학교 시험으로는 제대로 된 인재를 가려낼 수 없다는 게 박사님 말씀 같습니다. 그렇다면 앞으로의 시험은 어떠해야 할까요?

이혜정 현재 입시 구조에선 학교 내신 시험을 잘 본 애들도 수능 공부를 따로 안 하면 안 돼요. 또 논술 공부를 따로 해야 돼요. 그러니까 문제는 학교 공부를 충실하게 해도 수능 따로 논술 따로 비교과 따로 뭔가 따로따로 공부를 계속해야 된다는 거예요.

대입이 수능, 내신, 논술, 비교과 이렇게 4가지라고 대략 나누어 보면, 그 4가지를 별도로 공부하는 것이 아니라 학교의 정규 커리큘럼 하나에 녹아 있으면 어떨까 생각을 해요. 예를 들어 IB(International Baccalaureate)는 그렇거든요. IB 과정은 수능, 내신, 논술, 비교과가 수업 커리큘럼으로 구성되어서 학교에서 의무적으로 할 수밖에 없어요. 그러니까 학교 수업만 열심히 잘하면 입시를 해결할 수 있다는 거죠. 예를 들어서 전 과목에서 비판적·창의적 사고력을 평가하는 논술 시험으로 내신과 수능을 본다면, 대입의 수능과 논술을 학교 수업만으로도 대비할 수 있어요. 영국의 에이 레벨(A Level), 프랑스의 바칼로레아(Baccalauréat), 독일의 아비투어(Abitur), 국제 교육 과정인 IB 등 교육 선진국들의 교육 과정은 전 과목에서 비판력과 창의력를 기르고, 전 과목에서 학생의 창의적인 생각을 표출하는 교육을 합니다. 그래서 전 과목에서 객관식 문제 없이 논술 시험을 봅니다.

이기정 논리적으로 생각하면 내신 성적으로만 대학이 학생을 선발하게 하면 학교 수업만으로도 대학 진학은 가능합니다.

이혜정 그런데 현재 대학의 입장에서는 학교 내신으로 걸러지는 그 학생의 능력을 신뢰하지 않아요. 학교에서 줄 세워서 1등 한 애가 대학이 바라는 인재의 역량을 가지고 있다고 보지 않는 거죠. 그러니까 자꾸 다른 평가 틀을 넣는 거예요. 논술, 면접, 수상 경력이나 각종 활동 등을 기술한 학생부를 들여다보는 거죠.

이기정 지금 학생부 종합 전형(이하 학종)이 어떻게 운영되고 있냐 하면요. 학생들이 치르는 시험만 해도 여러 개가 있어요. 첫째, 내신이 있어요. 중간고사, 기말고사, 수행 평가가 포함되죠. 둘째, 수능 최저 등급을 적용하는 대학의 경우엔 수능 시험이 있어요. 셋째, 대학별 고사의 성격을 갖는 구술 면접 고사가 있어요. 이게 꽤 어렵고 입시에 결정적 역할을 하고 있어요. 넷째, 학생부 비교과에 속하지만 경시대회 수상 경력을 위한 시험이 있어요. 수학 경시대회는 수학 시험이고 논술 경시대회는 논술 시험이고 물리 경시대회는 물리 시험인 거죠. 대학마다 약간씩 다르긴 하지만 학종으로 대학을 가려고 한다면 학생들은 이 모든 시험을 준비해야 해요.

이혜정 그렇지요. 그러니까 내신 시험공부, 수능 시험공부, 논술이나 면접 시험공부, 또 비교과의 경시대회 시험공부, 다 다른 종류의 공부를 하고 있잖아요? 그런데 '이들 중에서 사실상 지금 시대가 필요로 하는 능력을 테스트할 수 있는 시험이 뭐지?'라고 물었을 때, '이거다.'라고 말할 수 있는 게 없어요. 그래서 시대가 필요한 능력을 평가할 수 있는 시험이 필요해요. 물론 그런 시험은 그 시험을 공부하는 것 하나로 모든 평가들을 다 준비할 수 있는 시험이어야겠죠. 말하자면 내신 공부를 열심히 하면 그냥 수능도 잘 볼 수 있게, 면접도 자동적으로 준비될 수 있게 하는 시험이 되어야겠죠.

예를 들어서 옛날에는 학교 공부를 잘하는 애가 대입 학력고사를 잘 봤어요. 지금 그러한 능력을 기르자는 이야기가 아니라, 아이들에게 종류가 다른 공부를 여러 개 하게 하지 말자는 거예요. 시대가 가장 필요로 하는 종류의 공부를 하나 선택해서 그거 하나만 공부하면 이쪽 시험이든 저쪽 시험이든 그게 수능이든 내신이든 논술이든 비교과의 경시대회든 간에 한꺼번에 해결될 수 있게끔 해야 애들이 안 헷갈린다는 거예요.

이혜정 · 이기정

새로운 시험의 대안: IB(International Baccalaureate)

이기정 그렇다면 시대의 요구에 부합하는 능력을 기르고, 학교 공부만으로도 입시가 해결되는 그런 시험이 과연 무엇일까요? 혹은 지금 그러한 교육을 시도하고 있는 학교가 있다면 소개해 주시죠.

이혜정 제가 『대한민국의 시험』에서 우리나라 시험의 대안으로 소개한 사례가 IB입니다. IB는 스위스의 비영리 교육 기관에서 1968년부터 개발한 교육 과정으로, 현재(2017년 기준) 전 세계 4,783개 학교에서 운영하고 있어요. 국내 명문대를 비롯한 전 세계 유수의 대학에서 대입 시험(2017년 기준 67만여 명 응시)으로 인정해 주는 공신력 있는 교육 과정 및 시험입니다.

이기정 교육 과정이자 시험이라 함은 고등학교 수업 과정과 대입 자격시험을 모두 포함하고 있다는 말씀이시죠? 그렇다면 교육 과정을 이수하고 나면 대입 자격이 주어진다는 뜻이고요?

이혜정 네, IB 과정을 이수했다는 것으로 대학에 입학할 자격이 있음을 여러 대학에서 인정해 준 것입니다. IB는 머릿속에 집어넣는 교육을 넘어 꺼내는 교육을 구현하는 교육 과정이기 때문에 전 과목에서 비판적·창의적 사고력을 위한 논·서술형 평가를 해요. 그리고 50년 이상 공정성이 검증된 공신력 있는 채점 시스템을 갖추고 있어요. 해외 명문 대학에서 IB 과정을 이수한 학생을 원하는 것은 시대의 흐름에 부합하는 인재를 선발하려는 아주 당연한 일입니다.

이기정　그렇다면 학생이나 교사의 수업 방식은 어떤가요?

이혜정　IB는 교과 내용, 학습 진도, 교과서, 평가 등 교사의 교육권과 자율성을 극대화한 교육 과정이에요. 학생들은 저자의 생각이나 교과서의 요점을 파악하는 데 치중한 수업을 하는 게 아니라, 스스로 생각하는 능력을 기르는 데 중점을 둔 수업을 합니다.

이기정　전 세계 4,700여 개의 학교에서 운영 중이라는데, 우리나라에는 그런 교육 과정이 도입되지 않았나요?

이혜정　한국어 버전이 아직은 시작되지 않았는데, 국내에서는 현재 국제 학교나 외국인 학교에서 영어 버전으로 운영되고 있고, 공교육에서는 경기외고의 국제반에서 도입하여 운영하고 있습니다. 그리고 2017년 말, 제주도교육청에서 IB를 한국어로 번역하여 공립 학교에 도입하기로 결정하였습니다.

이기정　그럼, 경기외고의 IB반 수업과 일반 학교의 수업에는 어떤 차이점이 있나요?

이혜정　경기외고의 IB반은 우리나라의 일반적인 공교육과는 완전히 다른 수업을 하고 있습니다. 일단 그 학생들의 수업에서 제가 인상 깊게 봤던 것은 모든 아이들이 휴대폰이나 태블릿 PC, 노트북 같은 전자 기기를 책상 위에 올려 두고 있었다는 거예요. 우리나라 대부분의 학교에서는 수업 시간에 휴대폰 꺼내는 것을 허용하지 않잖아요. 그 말은 곧 수업 시간에 휴대폰을 꺼내는 것이 방해가 되는 수업을 하고 있다는 것이죠. 그런데 경기외고의 IB 수업에서는 휴대폰을 오히려 수업에 도움이 되는 도구로 활용하고 있어요. 그러니까 휴대폰을 검색하는 도구로 옆에 두는 것 자체가 수업에 방해가 안 된다는 것이죠.

이기정　지금 우리나라의 일반고에서 학생들에게 휴대폰을 꺼내 놓고 수업하자고 하면, 다들 문자 보내고 게임하고 난리가 날 거라는 생각이 듭니다.

이혜정　현재 학교의 수업 구조로는 그렇죠. 그러나 경기외고의 수업을 보면 교사가 이야기하는 건 한 10%도 안 되고, 학생들의 발언으로 90%의 수업이 이루어져요. 그래서 학생들은 수업 시간에 문자 보내고 게임하고 다른 짓을 할 틈 자체가 없어요. 그러니까 수업의 구조가 옆에 휴대폰이 있어도 괜찮은 겁니다. 반면에 휴대폰이 수업에 방해가 되는 다른 학교의 수업은 교사 일방향의 수업 구조라는 사실을 방증하는 거죠.

IB와 사교육

이기정　1994학년도 대학 입시에서 학력고사가 폐지되고 수능 시험이

처음 시작됐습니다. 그런데 그때 대학별 본고사가 함께 생겼어요. 상위권 대학의 경우 합격 여부를 결정하는 것은 수능이 아니라 본고사였어요. 그때 상위권 대학을 지망하는 학생들은 거의 다 본고사 위주로 공부했어요.

그런데 대학별 본고사가 3년 만에 폐지되었어요. 왜 그랬을까요? 수능 시험보다 차원이 낮은 시험이라서 그랬을까요? 그건 아니에요. 본고사가 수능보다 더 차원 높은 시험이었어요. 당시의 논술 시험을 제가 뚜렷이 기억하는데요. 풍부한 독서를 통해 논리적 사고력을 기르지 않으면 대응이 어려운 차원 높은 시험이었어요. 그럼 왜 폐지됐느냐? 이유는 사실상 단 하나였어요. 사교육을 유발한다는 거죠. 본고사가 사교육을 너무 크게 유발하니까 3년 만에 폐지된 거예요. 그런데 그때 논술 고사 하나는 남았어요. 논술 시험의 긍정성을 완전히 부정하기는 어려웠거든요.

아무튼 본고사는 사교육 때문에 폐지됐어요. 만약에 박사님께서 주장하시듯 일순간에 학교에 차원 높은 시험을 도입하면 어떻게 될까요? 그것이 IB 시험이든 한국교육과정평가원에서 그것을 더 발전시켜 만든 것이든, 지금과는 다른 패러다임의 시험을 도입한다면 어떻게 될까요? 현재와 같은 상대 평가 제도 안에선 이것이 또 사교육을 급격하게 증가시킬 가능성이 크다고 보는데요. 그러면 결국 이게 또 여론에 밀려 실패하지 않을까요?

이혜정 IB가 됐든 무엇이 됐든 생각하는 힘을 기르게 하고 평가하는 시험, 이런 시험의 형태로 전환하려면 학교 내에서는 절대 평가가 불가피하다고 생각해요. 왜냐하면 그런 시험을 상대 평가로 점수 매긴다는 것 자체가 의미 없기 때문이에요. 예를 들어서 TV 시사 프로그램 「썰전」에서 유시민 작가와 박형준 교수가 토론을 하는데, 서로 반대 의견이지만 굉장히 논리적으로 타당하게 주장을 펼치면 둘은 같은 점수를 줘야 해요. '이건 교과서에 있는 의견이니까 저 의견을 쓴 학생은 점수를 깎는다.'고 하면 말이 안 되는 거예요. 그리고 이 시험은 누가 더 옳고 그른지를 판단하는 것이 아니라, 얼마나 설득력 있게 잘 전달했느냐를 평가하는 방식이기 때문에 상대 평가가 아니라 절대 평가로 가야 되는 게 맞아요. 그런데 지금 말씀하시는 것처럼 이런 시험이 사교육을 증가시키지 않느냐는 우려에 대해서 저는 이렇게 생각합니다. 사교육 유발의 가장 큰 범인은 공교육이에요.

이기정 공교육이 사교육을 유발했다고요?

이혜정 가장 큰 범인은 공교육이에요. 한 40년, 30년 전에는 학원이 이렇게 어마어마하게 많지는 않았어요. 그때는 그게 없어도 정말로 혼자 열심히 공부하면 개천의 용이 될 수 있었어요. 공교육, 즉 학교 공부만으로도 좋은 대학에 갈 수 있었어요.

문제는 대학 입시 제도는 변하는데 그것을 학교에서 소화를 안 하고, 입시를 위해 필요한 이것저것을 모두 학부모에게 떠넘겼다는 거예요. 그러니까 학부모는 그 해결 방법을 사교육에서 찾아요. 결국 사교육 증가의 원인은 논술 대비도 대학별 본고사 대비도 수능 대비도 학교에서 제대로 안 했기 때문이라고 생각해요.

이기정 제가 교사 입장에서 좀 변명하면 교사들은 내신, 그러니까 학교 시험에서 아이들을 반드시 한 줄로 줄을 세워야만 해요. 그래서 객관식 문제를 출제해야 한다는 강한 압박을 받을 수밖에 없어요. 논·서술형 문제조차도 정답이 뚜렷한 사실상의 객관식 문제를 출제할 수밖에 없지요. 그렇게 출제하다 보니까 또 거기에 맞춘 수업을 해야 하죠. 이렇게 내신, 즉 학교 시험에 맞춘 수업을 해야 되기 때문에 수능이나 논술 고사와 상당히 유리된 수업을 할 수밖에 없어요. 그나마 수능과는 덜한 편인데 논술 고사와는 완전히 유리될 수밖에 없지요.

이혜정 그런데 내신 시험이라는 것이 사실상 사교육에서 차지하는 비중이 가장 크다는 보도 자료가 있었어요. 수능이나 논술은 대입에 임박하여 잠시 대비하는 데 반해, 내신은 고등학교, 중학교 내내, 심지어 요즘은 초등학교 다니는 동안에도 인근 학원의 내신반을 다녀야 한다는 겁니다. 왜 학교에서는 학원의 내신반을 다니면 성적이 더 잘 나오게 시험을 낼까요? 왜 학교는 학원에서 예측 가능한 시험 문제를 낼까요? 사교육이라는 건 배우는 내용의 획일화로 인한 규모의 경제성이 있어야 가능한 수익 모델이에요. 그렇기 때문에 사교육을 융성하게 만드는 것은 공교육의 시험이 학원에서 예측 가능할 정도로 획일화되어 있기 때문이라고 생각해요. 그래서 학원의 획일화된 수업 방식으로도 수익을 낼 수 있는 거죠. 물론 이 문제에 대해 개별 교사들에게 책임을 물을 수는 없습니다. 교사들이 그렇게 시험 문제를 낼 수밖에 없는 공교육의 구조적 문제가 있지요. 공교육 제도 자체에 어차피 교사별 평가권이 없기 때문에 획일적으로 시험 문제를 내도록 강제하고 있으니까요.

새로운 시험 형태가 공교육을 살린다

이기정 학교 시험의 차원을 높이기 위해서 도입한 평가 제도로 인해, 학교 시험을 절대 평가로 전환하면 내신의 입시 변별력이 떨어진다는 반발이 있을 수 있어요. 그렇게 되면 수능이나 논술의 비중이 강화될 테고, 학생들은 학교 수업 외에 또 수능이나 논술 준비를 따로 해야 한다는 부담감이 늘겠지요.

이혜정 학교 시험을 잘 보면 잘 볼수록 수능을 더 잘 볼 수 있고, 학교 시험을 잘 보면 잘 볼수록 논술 시험을 더 잘 볼 수 있다면 어떨까요? 이게 같은 종류의 공부로 대비할 수 있다면요.

이기정 그렇게 된다면 아주 바람직한 일이지요.

이혜정 만약 내신과 수능에서 전 과목 시험을 논술로 보면 어차피 논술 고사는 없어지겠지요? 왜냐하면 어차피 내신이 전 과목 논술이고 수능이 전 과목 논술이니 논술 전형이 없어지는 건 당연하겠지요.

이처럼 지금은 대입이 내신, 수능, 논술, 비교과로 나누어져 있는데요. 새로운 시험이 이 네 가지를 모두 대비해 줄 수 있다면, 그리고 대비해 주는 수업을 한다면 학생들이 학교 시험과 수업에 소홀할 이유가 없어요. 왜냐하면 그걸 잘해야 대학을 더 잘 가니까. 그러니까 새로운 시험의 종류가 뭐냐가 중요한 거예요. 그래서 저는 내신과 논술과 수능이 합쳐져야 된다고 생각해요. 수능과 논술을 따로 시험을 친다고 해도 이를 대비하는 공부의 종류는 같아야 된다고 생각합니다.

이기정 지금 제가 박사님 말씀을 제대로 이해했나 모르겠는데요. 그러니까 만약에 학교 수업이 입시에 도움이 된다면 학생들이 학교 수업을 도외시하지 않을 거라는 말씀인가요?

이혜정 지금 내신만으로 승부를 볼 수 없다고 생각하는 아이들은 다른 종류의 공부를 또 해야 돼요. 그렇기 때문에 그 다른 것에 시간과 노력과 돈을 또 써야만 하는 상황이에요. 그런데 공교육에서 선생님과 함께 더 집중해서 수업을 잘하면 잘할수록 더 좋은 대학에 갈 수 있는 구조를 만들면, 학생들은 학교 수업을 도외시할 수 없어요. 학생들은 대학을 잘 가기 위해서라도 교실 수업에 집중하게 되고, 그렇게 되면 자연스럽게 공교육이 바로 서는 거죠.

이기정 그 지점에 대해서 조금 더 이야기를 해 보지요. 공교육과 학교 수업이 살아나려면 입시를 폐지하거나 또는 입시를 약화해야 한다고 주장하는 분들이 꽤 많아요. 반면에 그렇게 되면 오히려 학교 수업이 살아나기는커녕, 아예 죽어 버릴 거라고 말씀하시는 분들도 계세요. 이들의 주장은 학교 수업이 입시에 도움이 되는 방향이어야 오히려 학교 수업을 살릴 수 있다는 것이지요. 지금 박사님께서는 후자의 입장이신 거죠?

이혜정 네, 학교 시험을 잘 보는 게 입시에 도움이 되어야지만 학부모들이 학원을 선택하든 사교육을 하든 공부의 방향을 잡을 수 있어요. 왜냐하면 대한민국의 학부모들은 아이가 초등학교 때부터 무엇이 대입에 도움이 되는지 염두에 두고 공부의 방향을 잡기 때문이에요. 그러니까 대입에 도움이 되는 방향으로 공교육을 맞추는 게 아주 중요해요. 지금 사교육이 극성을 부리는 이유는 그게 사회 시스템상 대입에 도움이 되기 때문이에요. 사교육을 더 많이 받는 애들이 상위권이라는 통계 자료가 있잖아요. 상위권일수록 사교육을 더 많이 받고, 사교육을 더 많이 받을수록 상위권이라는 이야기는, 곧 이 시스템에서 사교육을 더 많이 받을수록 대입에 유리하다는 얘기예요.

이기정 사교육이 도움이 된다고 보통은 생각하지요.

이혜정 사교육은 자율 선택이잖아요. 그러면 효과가 있어야 돈을 주고 살 것 아니에요? 그런데 많은 사람들이 사고 있어요. 효과가 있다고 보는 거죠. 공교육에 그냥 있는 것보다 사교육을 받으니까 효과가 있더라고 학부모와 학생이 인식하고 있기 때문에 사교육이 비즈니스가 되는 거죠. 그런데 사교육보다 교실에서 교사가 해 주는 것이 대입

● 2017년 기준 사교육 참여율은 상위 10% 이내 학생이 78.7%이고, 하위 20% 이내 학생은 59.6%이다. 상위 10% 이내 학생의 1인당 월평균 사교육비는 34만 2천 원이고, 하위 20% 이내 학생은 19만 2천 원으로 조사되었다. 즉, 성적이 상위일수록 1인당 월평균 사교육비와 사교육 참여율이 높았다.(출처: 통계청, 『2017년 초중고 사교육비 조사 결과(2018. 3. 15.)』)

에 더 효과적이라면 어떨까요? 학생이 사교육보다 학교 수업에 완전히 집중하는 게 대입에 더 효과적이라면 어떨까요? 저는 그러면 공교육이 바로 설 거라고 생각해요. 교사마다 시험 문제가 다른 수업 밀착형 평가를 하면, 사교육은 어느 장단에 맞춰야 할지 모르기 때문에 비즈니스가 안 됩니다. 규모의 경제성이 안 나오니까요.

다만, 이 시대가 요구하는 능력을 함양하는 게 아니라, 단순한 지식만 배우는 수업을 하고, 또 대입에서도 그런 지식을 평가해서 학생을 선발한다면, 대입에 도움이 되는 공교육은 맞겠지만 시대적으로는 아무 쓸모없는 거죠. 시대가 요구하는 역량을 기르는 교육을 해야 하고, 사교육에서 도저히 예측하지 못하도록 교사들마다 다른 평가를 해야 해요. 그 교사들의 다양한 평가에 학생이 충실하면 할수록 수능이나 면접 등의 대입에 유리한 형태로 내신이 바뀐다면, 그럼 공교육이 다시 부활할 겁니다.

입시에 도움이 되는 수업

이기정   그런데 과연 그러한 수업이 우리나라에서 실현될 수 있을까요?

이혜정   아까 말씀드린 경기외고 수업을 제가 참관했을 때, 학생들은 소설 「광장」과 「홍길동전」 속 공간의 의미에 대해 토론을 하고 있었어요. 그런데 중요한 사실은 그게 고3 기말고사 직전 시험 대비 수업이었던 거예요. 그러니까 그런 고차원적 수업을 고3 기말고사 대비 수업으로 할 수 있느냐가 중요한 차별점이에요. 저는 이게 궁극적으로 지향해야 할 평가라고 생각해요. 이와 비슷한 수업을 하지만 1년 중에 아주 가끔 수행 평가 정도로 하고, 사실은 결정적인 변별은 지필 고사 같은 다른 시험에 있는 그런 시스템은 안 된다고 생각해요. 왜냐하면 사고의 근육은 수업 중 가끔 있는 워밍업 수준의 활동에서 길러지는 것이 아니라, 궁극적으로 변별되는, 등급이 나뉘는, 결정적인 채점 요인, 이런 부분에서 길러져요. 그런데 수업 중 가끔 창의력을 발산하는 교육을 한다 하더라도, 성적의 결정적인 변별 요인이 결국 주입식 교육을 확인하는 정답 찾기 지필 고사라면, 학생들은 그 창의력을 발산하는 수업에 죽을 힘을 다해 올인하지 않아요. 그런 수업에 약간의 시간과 노력을 배분해서 즐겁게 참여할 수는 있지만 사고 근육이 길러질 수 있도록 한계를 넘어가는 올인을 못 해요. 변별이 되는 곳에서 죽을 힘을 다해 올인할 때 사고의 근육이 길러지는데, 이런 고차원적인 종류의 수업이 기말고사 직전의 시험 대비 수업이라면 학생들에게는 결국 고차원적인 사고의 근육이 길러지겠지요.

이기정 박사님과 이야기하다 보면 박사님이 이상론자라는 생각을 하게 돼요. 박사님은 대한민국 학교 시험 전부를 차원 높은 시험으로 바꾸는 것이 가능하다고 생각하시니까요. 제가 학교에 있다 보니까 실제로 그게 대단히 어려울 거란 생각을 하거든요. 그래서 박사님이 대단한 이상론자라는 생각을 하게 되는데요. 또 다른 한편으로는 박사님이 현실론자라는 생각도 들어요. 입시가 사라져야 학생들이 차원 높은 공부를 할 거라는 환상을 전혀 갖고 계시지 않으니까요. 저 또한 입시가 완전히 사라지면 오히려 공부할 동기가 사라져서 학생들이 공부를 안 할 가능성이 크다고 생각하는 편입니다.

입시를 없앨 것이 아니라, 입시를 바꿔서 학교에서 학생들이 차원 높은 수업을 하도록 유도해야 한다는 주장은 철저하게 현실주의에 토대를 둔 것 같아 살짝 감동을 먹었습니다.(웃음)

이혜정 그것은 너무너무 당연한 겁니다. 이제까지 개인적 차원이나 학교 차원에서 교육을 바꿔 보려는 시도가 계속 있어 왔는데, 그게 시간이 지나고 학년이 올라갈수록 동력을 잃어요. 그 이유는 학생들이나 학부모들이 '이런 교육이 과연 대학 진학에 도움이 될까?'를 계속 생각하기 때문이에요. 그래서 그런 교육을 대입에 도움이 되게끔 만들어 주자는 거죠.

이기정 그게 냉엄한 현실이라는 거죠. 사실 몇 년 전까지는 수능 위주의 입시였지 않습니까? 그러면 수능 시험이 끝나면 입시에서 벗어났으니까 교육적으로 더 바람직한 수업이 이루어져야 되는데, 사실 애들은 아무것도 안 하려고 해요.

이혜정 아무것도 안 하지요. 그 이유는 그 아이들에게 있어서 이제 학교는 아무것도 아니기 때문이에요.

이기정 또 지금은 수시 위주의 입시잖아요. 수시에서는 재수생은 3학년 2학기까지, 재학생은 3학년 1학기까지의 성적이 학생부에 반영되거든요. 그러니까 재학생들은 3학년 2학기가 되면 수업을 아예 안 하려고 해요. 그것으로 미루어 보면, 현실적으로 없앨 수도 없지만, 입시를 없앤다는 것이 진정으로 교육의 발전을 가져올 것인가에 대해선 의구심을 품지 않을 수 없지요. 그래서 점차 그런 생각을 하게 됩니다. 중요한 것은 입시 자체를 없애는 것이 아니라, 입시의 내용을 바꾸는 것이죠.

이혜정 시대가 요구하는 창의적 역량을 기르기 위해 머릿속에 집어넣는 수업을 넘어 꺼내는 수업을 치열하게 해야만 고득점을 받을 수 있도록 입시를 바꿔야죠. 또 그 입시를 제대로 준비하기 위해 학교는 창의적 역량을 꺼내는 수업에 올인해야만 하고요. 그렇게 된다면 학생도 교사도 학교도 다시 살아날 수 있을 겁니다.

이기정 동감합니다. 그리고 차원 높은 수업을 해야 재미도 생기고 의미도 있죠. 그건 교사들도 원하는 바거든요. 학교 수업이 입시에 도움이 되는 쪽으로 바꾸는 것이 바람직하지 않느냐는 말씀은 전적으로 공감하는데요, 문제는 실현 가능성이지요.

이혜정 이게 경험을 안 해 보고 그냥 상상만 하면 굉장히 이상적이라고 생각할 수 있어요. 저는 큰애하고 둘째가 완전히 다른 학제에서 공부를 했어요. 큰애는 IB 교육 과정을 채택한 학교에 다녔고, 둘째는 국내의 일반 공립 학교에 다녔어요. 그 두 아이들의 학부모로서 수년 동안 이 아이들이 어떻게 공부하고, 어떻게 시험을 보고, 어떻게 과제를 수행하는지를 직접 지켜봤어요. 학부모로서 직접 체험했기 때문에 그냥 '하면 된다'는 걸 아는 거예요. 실현된 사례들이 전 세계에 많이 있습니다. 이건 의지만 있으면 가능합니다.

이기정 되는 걸 체험하셨군요. 잠깐 반박을 하면, 제가 학교 현장에서 체험하는 건 항상 안 되는 것이었습니다.(웃음)

이혜정 저도 그런 환경은 이해가 됩니다. 저는 우연히 선생님께서 체험하신 안 되는 환경도 경험했고, 되는 환경도 경험했어요. 그렇게 서로 다른 두 환경을 경험하다 보니, 안 되는 환경에서는 왜 안 되는지, 뭘 두려워하는지 더 뚜렷하게 이해할 수 있었어요.

시험 혁명과 함께 바뀌어야 할 요소들

이기정 현재 우리나라의 일반적인 학교에는 교사를 얽매고 있는 수많은 제약이 있어요. 그 제약 안에서는 교사 혼자 발버둥 쳐 봤자 결국에는 깊은 좌절감과 무력감만 느껴요. 박사님이 체험한 IB 과정이 가능한 학교는 분명 일반적인 학교 시스템과는 다를 거예요.

이혜정 교사들이 좌절감과 무력감을 느끼게 만드는 이 구조적인 문제가 심각하다고 생각해요. 제가 시험을 바꾸자고 주장하는 것은 '시험 문제만 이런 식으로 바꿉시다.'라고 이야기하는 게 아니에요. 이런 시험 문제가 가능하려면 제도적인 변화가 도미노로 따라와야 해요.

교사를 옥죄는 학교의 구조도 당연히 바뀌어야 하고요.

이기정 사실 박사님 말씀대로 시험을 바꾸게 되면 교사들이 해야 할 일이 굉장히 많이 늘거든요. 차원 높은 수업을 위한 연구와 준비, 더 오래 걸리는 시험지 채점, 학생들과의 피드백 대화 등등, 지금보다 더 많은 시간과 에너지를 바쳐야 합니다.

　학교에도 농땡이를 치려는 교사가 없지는 않지만 어디 그렇게 많 겠습니까? 차원 높은 수업을 진행할 여건만 조성되면 대부분의 교사들이 안 할 이유가 없지요. 그렇게 여건을 조성해 주면 교사들한테도 궁극적으로 많은 이익이 될 수도 있을 거예요.

이혜정 근본적으로 이 시험이 가능하려면 도미노로 수반되어야 할 제도들이 여러 개 있다고 봅니다. 그중에 하나가 수능과 내신의 절대 평가, 그중에 하나가 고교 학점제, 그중에 하나가 문·이과 통합입니다.

이기정 학생들을 일렬로 줄 세우지 않기 위해서는 수능과 내신의 절대 평가가 반드시 필요하겠죠. 그리고 학생들의 개별 특성에 맞게 과목 선택이 가능하도록 하려면 고교 학점제도 필요할 테고요.

이혜정 네, 이런 시험이 가능하려면 고교 학점제는 필수예요. 지금과 같은 체제라면 안 돼요. 4차 산업 혁명 시기에 문·이과 통합도 당연하고요. 추가적으로 교사 평가권의 확보와 교과서의 자율 선택권도 수반되어야 한다고 생각해요.

이기정 교사의 평가권이 확보되고 교과서가 자유 발행제가 되어서 종류가 다양해지면 교과서 선택을 교사별로 해야 되겠죠? 지금은 교사별로 선택을 못하고 학교 차원에서 한 종만 선택을 합니다만.

이혜정 그렇지요. 교과서 자율 선택이 교사 평가권에 다 포함되는 거예요. 그리고 교과서 자유 발행제를 넘어서 세상에 출판된 모든 출판물은 다 수업 교재가 될 수 있어야 해요.

이기정 수업과 평가에 대한 교사의 권한이 진정으로 보장되는 구조가 되어야 하겠죠.

이혜정 그렇죠. 수업권과 평가권을 보장해 주어야 교사가 뭔가를 할 수 있어요.
그다음에 제도적으로 '패자 부활제'가 있어야 해요. 저는 이게 굉장히 중요하다고 생각해요. 성취 수준에 도달하는 걸 교육의 목적으로 친다면, 고1 때 좀 못해도 고3 때 그 성취 수준에 도달하면 목적을 달성한 거예요. 즉, 고1 때부터 쭉 성취 수준에 도달되어 있던 학생이나, 원래는 못했지만 고3 때 그 수준에 도달한 학생이나, 대학에 지원하는 그 시점에 일정 성취 수준에 도달했으면 같은 평가를 주어야 해요. 그런데 지금은 고3 때 아무리 잘해도 고1 때 시험을 망쳤으면 그게 계속 발목을 잡아요.

이기정 그런 면이 있죠.

이혜정·이기정

이혜정 지금의 제도 안에서는 고1부터 고3까지 내내 잘해야 내신에 유리해요. 한 번을 망치면 그것이 결정적으로 발목을 잡아요. 이 제도가 왜 중요하냐면, 패자 부활이 가능한 시스템에서는 교사가 마지막까지 아이를 끌어올리려고 끊임없이 노력을 해요.

이기정 그렇지요. 교사나 학생이나 그런 동기가 생기지요.

이혜정 교사도 그렇고 학생도 한 번의 실패가 전체의 실패가 아니라고 생각하면 다음번에는 더욱 열심히 하게 돼요. 그런데 지금은 고등학교 1, 2학년 때 내신을 망치면 자포자기하는 애들도 있어요. 교육의 목적은 그게 아니잖아요. 어떤 분들은 "그러면 고등학교 1학년 때 잘했다가 고3 때 성적이 떨어진 애들은 어떻게 합니까?" 이렇게 반문합니다.

이기정 그렇지요. 누구나 한 번쯤은 실수할 수 있잖아요. 고3 때 몸이 아프다거나 해서 중요한 시험에 대비할 시간이 부족했을 수도 있고요.

이혜정 어디부터 어디까지의 시험 범위를 딱 정해 놓고 그걸 얼마나 외웠는지를 평가하는 종류의 시험에서는 고1 때 잘했다가 고3 때 못하는 게 가능해요. 왜냐하면 둘의 시험 범위가 다르니까요. 그런데 시험의 종류가 얼마나 깊이 있게 사고하는지 측정하는 시험이라면 이야기가 달라져요. 예를 들어 '문학 작품에서 시간의 중요성을 2시간 동안 논해 봐라.'라는 시험 문제가 있다고 해요. 이런 종류의 시험을 고등학교 1학년 때 문학 평론가 수준으로 논했던 애가 고등학교 3학년 때 갑자기 아무것도 못하게 되기는 어려워요. 또, '전쟁이 사회 변화를 가속화한다는 관점에 대해 90분 동안 논해 보라.'는 기출문제가 있었는데, 이걸 고1 때 유시민 작가 수준으로 쓸 수 있었던 학생이 고3 때 갑자기 아무 생각이 없게 되기는 거의 불가능해요. 그래서 이런 종류의 시험에서는 고1 때부터 유시민 작가 수준이던 아이나, 고1 때는 수준이 미흡했지만 고3 때 드디어 유시민 작가 수준이 된 아이나, 대입 지원 시점에서 동등한 수준이라 판단되면 같은 점수로 인정해 줘야 해요. 성취 수준 달성의 속도를 평가하는 것이 아니라, 성취 수준의 달성 여부를 평가하는 것이 훨씬 교육적인 평가 체제이기 때문이에요.

이기정 단순 지식 암기식의 수업이라면 1학년 때 잘했다가 3학년 때 못할 수 있겠지만, 깊이 있는 사고력을 묻는 시험이라면 1학년 때 잘했다가 3학년 때 갑자기 못할 수가 없다는 이야기지요? 그때 좀 컨디션이 떨어지거나 약간 놀았다고 할지라도.

이혜정 그리고 하나 더 바뀌어야 할 게 공문의 축소에요. 핀란드에서 학교에 공문을 보내는 게 연간 5건 미만이에요. 그런데 우리나라는 연간 1만 건 이상이에요. 그런데 그게 교육적인 목적이 아니라 교육청과 교육부의 행정 편의주의, 관료주의 때문이에요.

이기정 맞아요. 소소한 것 같지만 아주 중요한 문제예요. 지금은 공문

처리에 수업 준비보다 더 많은 에너지를 쏟아붓고 있어요. 교육부와 교육청의 관료주의식 행정은 혁파해야 합니다.

이혜정　일선 학교의 교사들에게 수업 준비가 아니라 행정 업무에 몰입하게 만드는 교육청과 교육부의 관리 감독 거버넌스 구조까지 바꿔어야 됩니다.

시험과 제도 변화는 한꺼번에

이기정　학교에서 교사들이 수업과 교육에 전념할 수 있는 여건의 조성에 대해 말씀하셨습니다. 제가 박사님과 이야기를 하면서도 느낀 건데요. 이 수많은 제도와 여건을 일정한 시기에 동시에 바꾸는 것이 가능할까요? 어떤 분들은 이 조건, 저 조건, 또 다른 조건 다 갖추어야 지 시험 혁명도 가능하다고 주장하시는 분도 있거든요.

이혜정　저는 굉장히 현실론자예요. 여건이나 구조들 하나씩 하나씩 논의를 하다 보면, 절대 평가 하나 가지고 1년, 2년 싸울 거고, 고교 학점제 하나 가지고 몇 년 싸울 거고, 교사 평가권 가지고 한 10년 싸울 거예요.

이기정　진보 교육감 몇 분이 사무 행정 업무를 줄여 교사들이 교육에 집중할 수 있도록 만들기 위해 그렇게 노력했는데 거의 실현이 안 됐지요. 그것 다 되고 나서 하자면 또 100년이 지나갈 수도 있겠네요.

이혜정　궁극적인 방향은 맞지만 점진적으로 추진해 가자고 주장하시는 분들이 계시는데, 그런 주장은 하지 말자고 하는 것과 똑같다고 봅니다.

이기정　그 말씀에 동의합니다.

이혜정　"지금 당장 한꺼번에 바꾸는 게 가능하냐?" 이렇게 이야기하시는 분도 계세요. 그런데 제가 말씀드린 여러 가지 제도들은 전국적으로 한꺼번에 바꾸는 것은 힘들 수 있으나, 한 학교 내에서는 한꺼번에 다 바꿔야 돼요. 그리고 난 다음에 그런 학교의 개수를 점진적으로 늘려 나가야겠지요.

이기정　대한민국 학교 전부를 동시에 바꾸는 것은 불가능하니 점차로 확산해 나가야 한다는 말씀이시죠? 적어도 한 학교 내에서는 일순간 바꿀 수 있고, 또 반드시 그래야 한다는 거고요. '한 학교 차원에서는 혁명적으로, 대한민국 전체 차원에서는 점진적으로 바꿔야 한다.' 이렇게 요약할 수 있겠네요.

시험의 형태 변화도 한꺼번에

이기정　현재의 시험이 현 시대가 요구하는 능력을 길러 주는 시험이 아니기 때문에 어떻게든 방향을 바꿔야 한다는 말씀엔 다시 한번 동의합니다. 그런데 여전히 한 학교 내에서도 상황을 점진적으로 변화시켜 나가야 한다고 주장하는 사람도 적지 않아요.

예컨대 수행 평가의 비중을 조금씩 확대한다든가, 내신 시험에 논술식 문제를 조금씩 늘려 나간다든가 하는 방식으로요. 또 수능 시험에 점진적으로 논술식 문제를 늘려 나가자는 주장도 그런 예일 것 같아요. 수능에 점차 논술 시험이 도입되면 학교 수업도 그에 맞추어 점차 변할 것이라는 전제가 그 근거가 되겠죠.

그럼 학생들은 단순 암기식 공부도 해야 되고, 한편으로는 사고력도 기르는 공부도 해야 된다는 말이에요. 차원이 다른 이질적 시험공부를 동시에 해야 한다면 학생들의 부담이 너무 크지 않을까요?

이혜정 시험의 형태를 점진적으로 또는 부분적으로 변화해 가자는 얘기를 많이 듣는데요. 그게 안 되는 이유를 설명드릴게요. 예를 들어, 수능에서 한 30%를 논·서술형 문제로 출제해서 사고력을 묻게 하겠다는 말은 굉장히 그럴듯하잖아요? 그런데 아이가 공부하는 책상과 아이의 머리, 공부하는 현장을 한번 상상해 보세요.

기존의 객관식 시험 문제는 대부분 '다음 중 적절한 것은? 다음 중 적절하지 않은 것은?'이라고 물어요. 학생들은 다음 중 가장 적절한 걸 골라야 돼요. 그런데 학생의 생각을 꺼내는 시험의 논·서술형 문제는 이 적절한 것이 사실은 적절하지 않을 수도 있다고 반론을 제기할 수 있는 형태의 시험이어야 해요. 여기에서 정답이라고 했던 것이 사실은 정답이 아닐 수도 있다는 걸 주장할 수 있는 시험이어야 해요. 그러니까 제가 말씀드리는 새로운 시험은 한 가지만 정답으로 정해진 시험 체제와는 양립할 수 없어요. 정답이 정해진 시험 체제하에서는 논·서술 문제도 출제자의 의도와 채점자의 기대를 예측해서 써야만 하는 사실상 정답이 정해진 객관식의 또 다른 형태일 뿐이에요.

이기정 그 양립할 수 없는 것을 아이들이 동시에 해야 한다면 고문이 겠지요. 과거에도 점진적으로 바꾸자고 도입한 노력들이 지금까지 성공적인 결실을 맺은 것은 별로 없지요.

이혜정 세계적인 경쟁력의 측면에서 볼 때도, 논리적 사고력을 키우는 훈련을 100%의 시간 동안 하는 애들과 그런 훈련을 30%만 하고 그것의 정반대되는 훈련을 70%의 시간 동안 하는 애들은 실력 차이가 클 수밖에 없죠. 30% 시간 동안 열심히 훈련을 했다 치더라도 70% 시간은 마이너스로 가고 있어요. 그러면 경쟁력 자체가 없어요.

이기정 생각하는 능력을 기르는 시험을 조금씩 조금씩 도입하면 이질적인 2개의 시험이 공존하기 때문에, 마치 물과 불을 섞는 것처럼 교육적으로 바람직하지 않다는 말씀이시죠? 그게 가능하지도 않고요. 또 서구 선진국은 생각하는 능력을 기르는 공부를 100% 하는데, 우리는 그것을 반반씩 해서 언제 서구 선진국의 학생들을 따라가겠느냐는 걱정이 계시는 거고요.

이혜정 한 학교는 완전히 바꿔야 됩니다. 완전히 바뀌었을 때 애들과 선생님이 어떻게 적응하느냐는 질문이 있을 수 있습니다. 이미 적응을 했어요. IB 학교가 된 학교들 중 점진적으로 바뀐 학교는 전 세계에 하나도 없어요. 10%나 20% 정도만 먼저 바꾸자는 말은 일단 논리적으로 안 맞고, 교육학적으로도 불가능합니다. 무엇보다 애들한테 못할 짓입니다, 이중고를 안기는 거기 때문에.

아까 물과 불에 비유하셨는데, 저는 생각을 꺼내는 교육이 서울에서 부산 가는 거라면 지식을 집어넣는 교육은 서울에서 신의주 가는 거라고 비유해요. 아예 반대 방향이라는 거죠. 그러니까 둘은 양립할 수 없다고 생각해요.

시험이 안 바뀌면 교육도 안 바뀐다

이기정　고교 학점제가 일부 시범 학교에서 시행되었는데, 그 학교들 중 일부에 지금까지 박사님께서 말씀하신 혁명적인 시험 제도를 도입하면 어떨까 하는 생각이 드는데요. 그러나 제가 알기로는 그 시범 학교에도 내신 절대 평가제라든가 교사별 평가제 등의 제도를 도입하지 않은 것 같아요. 현재의 내신과 관련한 여러 가지 제도들을 그대로 둔 상태에서 학점제만 시행하는 것 같아요. 제 판단엔 학생의 선택권만 약간 확대될 것 같습니다. 이것이 교육적으로 얼마나 효과가 있을까요?

이혜정　소용없습니다. 왜 소용없냐면, 고교 학점제를 시행해도 아이들이 보는 시험 문제의 종류가 똑같으면 교육은 안 바뀌기 때문이에요.

이기정　고교 학점제 시범 학교에 절대 평가를 도입하면 어떨까요?

이혜정 제가 말씀드린 시험을 도입하려면 절대 평가가 선결 조건이긴 합니다만, 절대 평가가 된다고 이러한 시험이 저절로 완성되는 건 아니에요. "지금 현재 시스템에서 절대 평가 어떻게 생각하십니까?" 이런 질문을 많이 받았는데요. 설령 수능과 내신이 모두 절대 평가가 된다고 한들, 학생이 책상에서 공부하는 시험 문제의 종류가 바뀌지 않으면, 그럼 어차피 기존과 똑같은 내용을 공부하고 똑같은 능력만 길러질 거잖아요. 그럼 어차피 4차 산업 혁명에 대비하지 못할 거잖아요. 그럼 뭐가 바뀌는 거죠? 옛날과 똑같은 능력이 길러지고 있다는 것은 교육이 하나도 안 바뀌었다는 거예요.

이기정 결국 시험이 바뀌지 않으면 교육도 바뀌지 않는다는 거군요.

이혜정 저는 전략이 이렇게 되어야 된다고 생각해요. 대한민국 교육 전체의 틀을 바꾸는 작업을 당장 시작해야 해요. 그런데 시험과 그에 수반되는 제도를 전국이 일시에 바꾸는 것은 어려우니까, 전략적으로 시범 학교 몇 군데에서부터 시작해요. 시도 교육청별로 초·중·고등학교 한 세트씩만 만들어요. 그래서 한 세트의 시범 학교에서 변화하는 것과 대한민국 전체를 바꾸는 작업을 동시에 진행해야 해요. 대한민국 전체를 바꾸는 것은 장기 플랜으로 설정하고, 시범 학교부터 시작해서 이것이 파급 효과를 갖게 해야 해요. 지금 당장 전국에 도입할 필요는 없어요. 시도 교육청별로 초중고 한 세트씩만이라도 도입했으면 좋겠어요.

이기정 반드시 한 학교 차원에서의 시험과 제도는 급격하고 전면적으로 바꾸어야 한다는 말씀이시죠?

이혜정 그렇게 바꿔서 이 시대가 요구하는 능력을 길러야지요. 새로운 시험은 채점의 공정성이 검증된 것이어야 하고, 그런 교육 과정과 시험 체제를 통해 길러지는 능력이 공정하게 평가되어야겠지요. 안 그러면 대입에 있어서 공정성 시비가 계속 일 테니까요. 그래서 그 공정하게 평가된 애들을, 예를 들면 IB에서 인증을 받는다든가 해서, 대학에서 인정하도록 문을 좀 열어 줘야 해요. 지금도 수능 최저 점수가 없는 수시 일반 전형으로 IB로만 공부하는 경기외고나 제주국제학교의 애들이 대학에 입학하고 있거든요. 그런데 그 문이 지금 굉장히 좁기 때문에 그것을 약간 더 열어 주면 이런 학교가 더 퍼질 수 있겠죠.

이기정 제가 볼 때 불가능한 건 아니라고 봐요. 왜냐하면 일정 비율을 쿼터제로 해서 그 학생들을 위한 전형으로 만들면 되니까요. 처음에는 학생이 적을 테니까 그 학생들을 위한 쿼터를 매우 적게 할 수밖에 없겠지요. 그러나 이런 학교가 늘어날수록 쿼터를 늘려 나가면 나중에는 100%가 될 수도 있겠지요.

이혜정 그런 교육 과정이 대학 입시에 도움이 안 된다는 결론이 나면 확산되기 어려워요. 그러니까 대학 입시 제도가 바뀌지 않으면 이런 교육 과정이 성공하기 어려워요. 대입이 바뀌지 않으면 결국은 또 다시 똑같은 시험을 치고, 똑같은 평가를 하겠죠.

이혜정 · 이기정

지금은 구한말, 교육 개화의 시기

이기정　시험으로 이야기를 시작해서 다시 시험으로 돌아왔습니다. 시험이 바뀌어야 수업이 바뀌고, 그 수업이 교육을 바꿔서 나라를 살릴 수 있다, 그렇게 생각하시는 것 같아요.

이혜정　정말로 지금이 구한말 같습니다. 저는 이걸 꼭 강조하고 싶습니다. 구한말에 근대화의 물결이 다가올 때, 당시 조선에서도 개화를 해야 한다는 목소리가 있었지만, 백성들의 압도적인 지지를 받았던 건 쇄국 정책이었어요. 그런데 아시아에서 가장 먼저 근대화를 한 일본이 결국은 한 세기 이상 아시아를 선점했습니다. 우리는 근대화를 하긴 했지만 늦게 해서 결국 나라를 잃었고요.

　시대정신을 읽고 시대의 흐름을 읽는 것은 위정자나 지도자들의 입장에서는 아주 중요합니다. 그것을 몰랐다? 그것은 무능이기 때문에 그런 사람은 지도자가 되어서는 안 된다고 생각해요. 지금 구한말 근대화의 물결처럼 4차 산업 혁명의 물결이 쓰나미처럼 다가오고 있어요. 우연히 등대 위에 서 있는 사람이 쓰나미가 다가오고 있는 걸 보고도, 등대 아래에서 그걸 못 보는 국민들한테 '국민들이 합의해서 오시면 그 정책대로 하겠습니다.'라고 말하는 건 너무 무책임하다고 생각해요.

이기정　말씀을 듣고 보니 시험을 바꾸어야 하는 이유가 단순히 교육적 필요성에만 그치는 게 아닌 것 같아요. 우리 대한민국이 시대에 뒤

처지지 않기 위해, 또는 시대를 앞서가기 위해 시험의 혁명적 변화가 필요한 것 같아요.

이혜정 구한말에 우리가 뭔가 엄청난 잘못을 저지르진 않았어요. 그냥 가만히 있었어요. 전 그게 가장 큰 문제라고 생각해요. 시대의 변화에 부응하지 않았다는 거죠. 4차 산업 혁명이 쓰나미처럼 몰려오고 있어요. 이런 때에 시대가 요구하는 능력을 평가할 수 있는 시험 혁명이 필요해요. 그런데 일본이 먼저 부응했단 말이에요. 그것에 먼저 응답을 했어요.

이기정 일본이 먼저 부응했다는 것은 지금 일본에는 시험 혁명을 시작하고 있다는 이야기인가요?

이혜정 일본에서 2012년 12월에 아베 신조 총리가 집권했는데 2013년 1월 24일에 교육재건실행위원회(Education Rebuilding Implementation Council)를 만들었습니다. 아베는 이 위원회의 목적이 "국민들이 세계 최고 수준의 교육에 눈을 뜰 수 있도록, 그리하여 그 기회를 얻을 수 있도록, 그리하여 다시 한번 강한 일본을 만드는 것"이라고 발표했어요.• 저는 이게 소름 끼치게 무섭습니다. 그냥 단순히

• 아베 신조는 『교육재건실행위원회 회의 발표문(2013. 1. 24.)』에서 다음과 같이 선언했다. "교육 재건은 경제 회생과 함께 일본의 최우선 당면 과제입니다. '강한 일본(Strong Japan)'을 회복하기 위해 미래를 견인할 아이들의 교육을 재건하는 일은 필수입니다. 교육 재건의 궁극적 목적은 세계 최고 수준의 교육에 눈을 뜨고 학업 역량을 기를 기회를 확보하는 데 있습니다."

'아이들이 행복한 교육' 이런 수준이 아니에요. 국민들이 '세계 최고 수준의 교육에 눈을 뜨게 한다는 것'을 교육재건실행위원회의 목적으로 선포했다는 점이 놀라웠습니다. 이를 바탕으로 2013년 6월에 교육 혁명의 안을 내놓았습니다. 이때 2020년까지 수능을 폐지하고 새로운 시험을 만들겠다고 선언했어요. 동시에 전략적으로 IB 학교를 공모하고 만들겠다고 했어요. 놀라운 것은 이게 교육부 차원의 정책이 아니라, 모든 부처 장관들이 의결하는 국무 회의 결정이었다는 거예요. 일본은 이걸 교육 정책이 아닌 국가의 미래 생존 전략으로 보는 거였어요.

이기정 그러니까 스위스에서 처음 시작된 IB 교육 과정을 일본이 공교육에 도입하는 거네요. 일본이 옛날에 포르투갈 문명부터 받아들이기 시작해서 서구 문명을 빨리 흡수했잖아요. 어떻게 보면 지금은 스위스에서 시작한 선진적인 교육 과정을 우리나라보다 먼저 흡수하기 시작했다는 이야기군요. 교육 문제에 대해서 뭔가 위기의식을 느꼈던 것 같네요.

이혜정 구한말과 똑같은 상황이죠. 아베 신조 총리는 신메이지 유신을 하려고 했어요. 그리고 이 쓰나미에 대응할 인력을 만들어서 구한말 때처럼 자신들이 앞서 나가기를 원하는 거예요. 그 국가 전략의 핵심이 교육 혁명이었던 거죠.

이기정 지금 일본은 시험 혁명을 통해서 시대를 앞서 가려는 움직임을 보이고 있는데, 우리는 여전히 제자리걸음을 하고 있어 안타까워 하시는 것 같아요. 그런데 일각에서는 박사님의 주장에 대해서 '너무 엘리트 교육 아니냐, 귀족주의 교육 아니냐?'라는 말도 있어요.

이혜정 IB 교육은 국제 학교나 외국인 학교 같은 학비가 비싼 사립 학교에서 운영하는 커리큘럼이에요. 마찬가지로 일본에서도 연간 수천만 원씩 학비를 내는 국제 학교나 외국인 학교에서 운영되고 있어요.

아베 신조 총리가 엘리트 교육이라고 비판하는 국민들을 뭐라고 설득했냐면, '우리나라가 신메이지 유신을 해서 나라를 부강하게 만들기 위한 방편이다.'라고 말하지 않았어요. 대신 국민들에게 '경제 격차가 교육 격차로 이어져서는 안 된다. 그러니 연간 수천만 원씩 학비를 내던 국제 학교나 외국인 학교에서만 운영되던 이 우수한 교육 과정을 국가가 나서서 공립 학교에 공짜로 배포하겠다.'라고 말했어요. 설득되지 않을 이유가 없죠.

이기정 지금 공교육에서 이루어지고 있는 교육 과정이나 평가 제도보다 비용이 많이 들어가는 건 사실이지만, 그렇기에 더더욱 그 교육 과정과 평가 제도를 공교육 전체에 확산해서 경제 격차에 따른 교육 격차를 없애자는 취지로 하신 말씀이시죠?

그런데 또 한편에서는 물론 비용의 문제 때문에 이런 말씀을 하시는 걸 텐데요. 창의적 사고력 교육은 공부 잘하는 애들, 즉 엘리트들만 선별해서 받게 하고, 나머지는 지금처럼 지식을 수용하는 교육을 받는 것도 충분하지 않냐고 주장하는 분들도 계세요.

이혜정 · 이기정

이혜정 저는 그분들께 반문하고 싶어요. 그 둘을 어떻게 나눌 겁니까? 엘리트 교육을 받을 아이와 매뉴얼적 지식 교육을 받을 아이를 어떻게 나눌 겁니까? 지금 영재 학교나 특목고, 자사고의 선발 기준을 보면 결국은 시험이잖아요. 그런데 그 시험이 지금 시대와 맞지 않다는 거예요. 앞에서 그 시험 자체가 김연아와 박태환을 뽑을 수 없는 달리기 하나로 선발하는 방식이라고 제가 말씀드렸잖아요. 만약에 기존의 시험으로 비판적이고 창의적인 교육을 받는 집단과 대중 교육을 받는 집단을 구분한다면, 김연아와 박태환은 대중 교육을 받는 집단에 속할 확률이 커요. 그러면 우리는 김연아와 박태환을 못 길러 내겠죠.

이기정 비용이 더 많이 드는 교육이기는 하지만 오히려 그렇기 때문에 그 비용을 학생이나 학부모에게 떠넘기지 말고, 공교육 전체로 확산해서 모든 아이들이 공평하게 공부하게 해야 되겠죠.

이혜정 비용이 더 많이 든다고 하지만, 지금 우리나라의 공교육에 사교육 비용까지 더하면 그보다 훨씬 적다고 생각해요. 사교육 문제가 극심하다고 정부에서 그렇게 아우성인데, 그 문제를 해결하려면 공교육 강화에 돈을 더 많이 쓰면 돼요. 공교육에 현명하게 돈을 쓰면 쓸수록 사교육비는 줄어들 겁니다.

이기정 공교육에 투자하되 현명하게 투자해야 한다는 말씀, 동의합니다. 그게 사실은 빈부 간의 교육 불평등도 해소하는 길이겠지요.

문재인 대통령의 교육 공약에는 '교육 혁명'이란 말이 등장합니다. '교실 혁명'이라는 말도 나오고요. 이 둘을 조합하면 교실 혁명을 통해서 교육 혁명을 시작하겠다는 말이 되지요. 박사님의 주장을 이것과 결합해 이렇게 정리해도 될까요? '시험 혁명을 통해 교실 혁명을 시작하고, 교실 혁명을 통해 교육 혁명을 시작해야 한다.'

이혜정 네, 교육 혁명의 시작은 시험 혁명부터라고 생각합니다.

이기정 오늘 말씀 감사했습니다.

4장

숙의와 공론화를 통한 교육 문제 해결

'교육 영향 평가'를 실시하자

조
희
연

사회학을 전공하고 영국, 캐나다 등에서 교환 교수로 지냈다. 성공회대학교에 재직 중일 때 NGO 대학원을 설립하고 시민운동, 민주주의, 인권, 평화에 대해 연구하였다. 1994년 박원순 현 서울시장과 함께 참여연대 창립에 주도적으로 나서기도 했으며, 2003년 『시사저널』에서 '가장 영향력 있는 지식인'으로 선정되었다.

진보적인 시각에서 한국의 정치와 사회에 대해 냉철하게 분석하고, 침묵하는 한국 사회를 논쟁의 장으로 끌어올리기 위해 노력하고 연구하는 지식인이다. 현재는 서울시 교육감으로서 학생, 교사, 학부모, 시민 사회를 주체로 한 혁신 미래 교육을 지향하고 있다.

주요 저서로는 『태어난 집은 달라도 배우는 교육은 같아야 한다』, 『일등주의 교육을 넘어』, 『병든 사회, 아픈 교육』 등이 있다.

행복 교육

이기정 교육감님 반갑습니다. 지난 2014년 지방 선거에서 열세 분의 진보 교육감이 탄생했습니다. 진보 교육감 시대를 열게 만든 시대정신이란 게 있을까요? 그런 것이 있다면 저는 '아이들의 행복'이라고 생각합니다. 그때 저는 교육감에 당선된 분들의 선거 공보를 전부 읽어 보았는데요. 보수 교육감 당선자들까지도 모두 '행복'을 말씀하셨더라고요.

조희연 우리는 보통 피사(PISA: 국제 학업 성취도 평가)에서 높은 순위를 차지하는 북유럽의 핀란드라든지 덴마크 교육을 벤치마킹의 대상으로 삼지 않습니까? 그런데 우리나라도 피사에서 높은 순위에 들어요. 다른 점이 있다면 우리나라 아이들은 불행하게 자기를 학대하면서, 어떻게 보면 인고의 세월을 견딘다는 느낌으로 공부해서 피사의 높은 순위를 받는다는 겁니다. 반면에 북유럽의 핀란드라든가 이런 나라들은 배움의 즐거움을 느끼면서 행복하게 공부를 하고 그 결과 한국과 비슷하게 피사에서 높은 점수를 받지요. 그러니까 우리나라의 학생들은 불행하게 공부를 잘하고, 교육 선진국의 학생들은 행복하게 공부를 잘한다고 할까요?

그래서 행복은 우리 시대 교육의 한 목표가 되었지요. 단지 진보 교육감들은 행복 교육이라는 목표를 달성하기 위해 '혁신'이라는 방법론을 선택했던 것 같아요. 그래서 아이들의 행복한 교육을 위해서 '과거의 교육, 낡아 버린 교육을 어떻게 혁신할 것인가?'가 진보 교육감의 공통적 화두이자 목표였던 것 같습니다.

이기정 학생들이 행복하다고 해서 학력이 떨어지는 것도 아닌데, 우리는 여태까지 학력을 위해서 행복을 포기하라고 가르쳤던 것 같습니다.

조희연 그동안 입시 경쟁이 너무 치열하다 보니까 본래 학생은 학생답고 교사는 교사답고 교육은 교육다워야 하는데, 학생은 공부하는 기계가 되어 버렸고, 교사는 교직을 떠나는 '명퇴'가 행복의 출발점이라고 생각하게 되었고, 교육은 이미 입시의 도구로 전락해 버렸어요. 그래서 불행의 악순환에 빠져 있는 교육을 어떻게 행복의 선순환 구조로 바꿀 것이냐는 시대적 과제가 우리에게 주어져 있었어요. 지난 몇 년간은 진보 교육감의 그러한 교육 혁신 의제들을 실현하기 위한 과정이었다고 생각합니다.

입시 개혁은 대학 개혁과 사회 구조 개혁으로

이기정 교육감님께서도 아이들의 행복을 위해서 많은 노력을 한 것으로 아는데요. 교육과 관련해서 우리 아이들을 불행하게 만드는 원인은 뭐니 뭐니 해도 입시가 아니겠습니까?

조희연 그렇습니다.

이기정 특히 고등학생의 경우는 입시에서 자유로울 수 없지요. 그런데 입시라는 것은 교육감님이 아무리 노력해도 어쩔 수 없는 측면이 많은 것 같습니다. 입시 자체를 폐지할 수는 없으니까요. 하지만 혁신을 통해 입시 경쟁의 강도를 완화하는 것은 웬만큼 가능할 것 같은데요. 그렇다면 어느 부분을 먼저 혁신해야 할까요?

조희연 우리가 아이들의 행복한 교육을 위해서 교육 혁신을 한다고 했을 때, 그동안 주로 수업이라든가 평가라든가 이런 학교 내의 혁신에 많이 집중되었던 것 같아요.

그런데 저는 입시를 비롯한 교육 문제의 해결은 궁극적으로 사회 개혁과 같이 가야 된다고 생각해요. 왜냐하면 우리의 왜곡된 입시 경쟁의 원인을 분석해 보면, 그 속에는 대학 서열화와 치열한 생존 경쟁, 불평등한 사회 시스템이 있기 때문이죠. 또 사회 서열화와 대학 서열화의 이중적 영향을 받아 초중등 교육의 서열화가 있기 때문이고요. 그래서 초중등 교육의 혁신, 사회 개혁, 대학 개혁 이 세 가지는 함께 이루어져야 한다고 생각해요.

이기정 아시다시피 학령 인구가 급격하게 감소하고 있습니다. 그렇다면 그에 비례해서 입시 경쟁이 완화되고 사교육비 부담도 줄어야 순리일 것 같은데요. 상위권 대학에 국한된 문제일 수도 있겠지만, 경쟁이 줄기는커녕 오히려 더 치열해지는 것만 같습니다. 사교육비 부담도 줄지 않는 것 같고요.

조희연 대한민국의 모든 학부모들은 눈에 넣어도 아프지 않을 내 아이를 위해서 희생하고 헌신하고 싶어 하잖아요. 그 학부모의 눈으로 보면 이 거칠고 불평등한 사회에 자녀를 내보내는 것 자체가 매우 불안한 겁니다. 그러다 보니 대학 졸업장이라는 구명조끼라도 하나 채워서 내보내고 싶은 심정이에요. 이왕이면 일류 대학 졸업장을, 정 안 되면 '인서울' 대학 졸업장이라도 구명조끼처럼 채워 주고 싶은 게 부모님 마음이라고 생각합니다. 치열한 입시 경쟁이 바로 거기서 발생하는 거죠.

경쟁에 이기기 위해서는 다른 사람보다 먼저 그리고 더 많이 준비해야 됩니다. 그래서 선행 학습이 생기고 사교육의 도움을 받는 겁니다. 그러다 보니까 그 준비가 이제 고등학교에서 중학교로, 초등학교로, 결국에는 유치원까지 내려가 있는 형국이죠. 이런 하나의 입시 경쟁의 사슬 속에 학부모와 학생이 놓여 있는 상황입니다.

이기정 사회 문제가 근본 원인이라는 교육감님의 말씀은 이해가 됩니다. 강준만 교수도 교육 문제의 근본 원인에 대해 "바보야, 문제는 '임금 격차'야!"라는 말을 하신 적이 있지요. 임금 격차가 완화되고 양극화가 해소되고 사회의 복지 매트릭스가 더 두꺼워져서 국민들의 불안이 줄어들어야 입시 경쟁이 완화될 수 있다는 사실은 분명한 것 같습니다. 그러나 사회를 그렇게까지 개혁하는 데에는 시간이 오래 걸릴 텐데요.

조희연 오랜 시간이 걸리겠지요. 당연히 장기적인 시각이 필요합니다.

이기정 　그렇다면 중단기적으로는 입시 제도의 개혁 등을 통해서 조금이나마 경쟁을 완화하려는 노력이 시급할 것 같습니다.

조희연 　물론 장기적인 개혁과 중단기적인 개혁으로 나누어서 구체적인 방안에 대해 면밀히 살펴봐야 합니다.

통합 국립대 제안

이기정 　교육감님께선 『병든 사회, 아픈 교육』이라는 저서에서 국립대학교의 통합을 제안했던 것으로 알고 있습니다. 이게 어떤 사람들에게는 '서울대 폐지론'으로 이해되기도 했죠. 제가 볼 때는 서울대 자체를 없애 버리자는 주장은 아니신 것 같습니다. 국립대를 통합함으로써 국립대의 위상을 높이고, 대학의 서열을 완화해서 입시 경쟁을 완화하자는 주장으로 알고 있는데요. 그 취지를 조금 더 자세하게 설명해 주시지요.

조희연 　아까 말씀드린 것처럼 한편에서는 사회적 격차와 서열화를 완화하기 위한 사회 개혁이 필요하고요. 그것은 장기적 과제입니다. 중단기적으로는 먼저 대학 서열화를 없애야 해요. 대학 서열화는 사회 서열화에 영향을 받아서 존재하기 때문입니다.
　서열화된 대학 시스템을 해체하기 위해서는 두 가지 측면의 개혁이 필요합니다. 하나는 대학 서열화를 완화해 가는 개혁이 있고요. 다른 하나는 입시 제도 개혁이 있어요. 입시 제도의 개혁도 물론 중요하지만, 근원적으로는 대학 서열화를 어떻게 완화할 것이냐가 더 중요하다고 생각합니다. 그래서 저는 국립대를 통합하여 대학 서열화를 완화할 수 있는 나름대로의 방안을 교수 단체의 논의를 거쳐 대안으로 제출했던 것입니다.

이기정 넓게 보면 육해공군 사관 학교, 경찰대까지 모두 국립대이지 않습니까? 그런 대학들까지 통합하자고 주장하시는 건 아니잖아요? 통합 국립대라고 했을 때 그 통합의 대상이 되는 국립대는 어느 정도까지로 생각하시는지요?

조희연 통합 국립 대학교의 대상은 기존 정부의 표현으로 하면 거점 국립 대학입니다. 서울대부터 시작해서 전남대, 전북대, 제주대, 부산대, 경북대 등 10개 대학이 있습니다. 여기 입학생이 한 해 4만 명쯤 됩니다. 만약 프랑스의 파리처럼 제1대학, 제2대학 이렇게 단일의 대학으로 만들면, 서울대 한 곳에 3,000명이 들어가기 위한 경쟁이 4만 명이 들어가기 위한 경쟁으로 완화될 수 있는 거죠.

이기정 역시 서울대와 거점 국립 대학의 통합을 주로 염두에 두시는

● 지방 거점 국립 대학은 강원대, 경북대, 경상대, 부산대, 서울대, 전남대, 전북대, 제주대, 충남대, 충북대로, 2017학년도 총 모집 정원은 38,198명이다. 이 중 서울대의 모집 정원은 3,124명이다.(출처: 교육부,『2017학년도 4년제 대학 모집 단위별 입학 정원(2017. 9. 27.』)

군요. 교육감님의 국립대 통합 제안을 예전 대선에서 정동영 후보와 문재인 후보가 선거 공약에 반영했던 걸로 알고 있습니다. 그럼 그 통합의 구체적인 내용을 말씀해 주시죠.

조희연 국립대 공동 학위제를 2007년에 정동영 대선 후보, 2012년에 문재인 대선 후보가 공약 속에 넣었지요. 2017년에는 문재인 후보의 공약 속에 안 들어가 있었습니다. 통합 국립 대학의 형태는 다양하고 수준도 다양할 것 같아요. 아주 낮은 수준의 통합은 인적·물적 자원을 공유한다든가 하는 거고요. 조금 더 높은 수준의 통합은 국립대 공동 학위제가 있습니다.

이기정 대선 공약에 정식으로 들어가 있지는 않지만 대선이 있었던 2017년 1월에 출간된 문재인 대통령의 인터뷰집 『대한민국이 묻는다』를 보면 '공동 입학, 공동 학위제'라는 표현이 등장합니다. 공동으로 입학하고 공동으로 학위를 주는 정도가 되어야 국립 대학의 통합이라고 말할 수 있을 텐데요.

조희연 예컨대 10개 거점 국립 대학을 통합하고 그 하위의 국공립 대학이 자율성을 갖는 모델이 아주 높은 수준의 통합이라고 생각해요. 조금 낮은 수준에서는 방금 말씀드렸다시피 지금처럼 독립적 지위를 가지면서 공동 학위를 부여하는 방식도 있을 수 있습니다. 조금 낮은 수준이지만 그것도 대단히 중요한 진전이고 실행만 된다면 대학 서열화와 입시 경쟁을 완화하는 데 중요한 전기가 될 거라고 생각합니다.

통합 국립대 제안에 대한 비판

이기정 혹시 이것이 서울대 입장에서는 '서울대 폐지론'이라고 받아들이지 않을까요? 그래서 서울대 당사자들의 반발이 적지 않을 것 같습니다.

조희연 그렇습니다. "그래도 서울대가 세계 대학 서열에서 100위 안에 들어가는 글로벌 경쟁력을 갖추고 있는데, 그나마 있는 서울대까지 죽이려고 그러느냐?", 이렇게 반론을 제기할 수도 있다고 생각해요. 그러나 저는 '스카이' 대학의 독점적 지위가 확대 재생산되면서, 입학할 때 10점도 안 되는 점수 차이가 평생 관철되는 특권으로 작동하는 이 사회 구조를 개혁해야 된다고 생각해요. 그래야 사회 역동성이 살아나죠. 통합 국립대 제안을 '서울대 폐지'라고 하는 것은 일부 보수적 입장에서의 비판이라고 생각합니다. 저는 과잉 서열화되어 있는 대학 체제를 개혁해서 초중등 교육을 진정한 의미의 창의·행복 교육이 가능하도록 고쳤으면 합니다. 그래서 제 문제 제기가 그 방안에 대한 진지한 토론의 계기가 되었으면 좋겠습니다. 저는 서울의 초중등 교육을 관리하는 입장이라 대학에 대해서는 권한이 없어요. 초중등 교육의 정상화를 가능하게 하는 대학 체제 개혁의 방안이 무엇인가에 대한 사회적 토론을 위해서 개혁적 교수 공동체에서 논의한 방안을 한 시민으로서 제기하는 것일 뿐입니다.

이기정 국립대가 통합되면 서울대의 위상에 의해서 현재의 지방 거점 국립 대학들의 위상이 더 높아지겠지요. 그러나 서울대는 하나에 불과하고 거점 국립대는 여럿이니까, 통합 국립대의 위상이 연고대에 크게 못 미칠 것 같습니다. 그렇게 되면 연세대와 고려대가 대학 서열 1, 2위 자리를 두고 다투게 될 것 같은데요. 결국 국립대 통합이 연고대에게만 좋은 일 아니냐는 주장도 있어요.

조희연 연고대가 서울대를 대체하지 않겠냐는 비판이 당연히 제기될 수 있다고 생각합니다. 그러나 지금 국제 경쟁력을 위해서 규모를 키우는 대학이나 회사도 많이 있어요. 규모라는 게 국제 경쟁력에서 무시할 수 없는 요소이기 때문이지요. 그래서 만약 시스템만 잘 구축한다면 오히려 통합된 서울대가 국제 경쟁에서 더 상위권으로 도약할 수 있다고 생각해요. 또 연고대가 서울대와 상위 자리를 두고 경쟁한다는 것은 긍정적이라고 생각해요. 그런 경쟁은 다원적인 대학 시스템의 출발일 수도 있거든요. 미래의 변화를 두려워할 필요는 없다고 생각합니다.

이기정 현재 스코어만 놓고 볼 때는 서울대를 제외하고는 국내 대학 순위의 상위권에 국립대보다 '인서울' 사립대가 많이 몰려 있습니다. 이런 현상이 계속 심화되고 있다는 게 더 큰 문제 같고요. 국립대 통합 방안이 이런 현상을 완화하는 데에 도움이 될 수 있을까요?

조희연 우리가 어렸을 때는 부산의 학생이 부산대를 갈 거냐, 서울로 유학 가서 연고대를 갈 거냐 하는 것은 굉장한 고민거리였습니다. 그러나 지금은 아무도 고민하지 않습니다. 지방 국립 대학과 상위 사립 대학 간의 격차가 현저히 벌어졌기 때문이에요. 그만큼 지방의 거점 국립 대학이 주변화되었다는 걸 의미하는 현상입니다. 그래서 저는 서울대와 지방의 국립 대학이 자원을 공유하고 공동 학위를 부여하고 교수와 학생이 자유롭게 교류한다면, 지방 국립 대학의 위상을 전처럼 높일 수 있다고 생각해요.

이기정 아무튼 교육감님이 제일 중요하게 생각하는 방안은 서울대와 지방 거점 국립 대학을 점차적으로 통합해서 대학 서열을 완화하고 이를 통해 입시 경쟁도 완화하자는 말씀이시죠?

조희연 서울대의 글로벌 경쟁력을 약화하지 않는 선에서 통합 국립 대학의 운영 모델이 충분히 가능하다고 생각합니다.

이기정 아무리 통합이 되었다고 해도 캠퍼스를 선택할 때 대부분의 학생들이 서울대 캠퍼스에서 공부하기를 원할 것 같아요. 그에 따른 부작용도 있을 것 같고요. 또 일단 서울대가 '서울대 폐지'로 받아들여 저항할 가능성이 크죠. 국립대 통합은 이래저래 현실적인 난관에 많이 부딪힐 거라고 봅니다.

　그래서 현실적으로 가능한 수준에서 서울대를 활용하여 입시 경쟁을 완화하는 방안에 대해 생각해 보았습니다. 조기숙 이대 교수는 『지금 당장 교육을 빅딜하라』란 책에서 서울대 입시를 100% 지역 균형 선발 전형으로 운영하자고 제안했습니다. 저 또한 '창비 주간 논평'

조희연·이기정

을 통해 같은 주장을 편 적이 있고요. 이렇게 되면 웬만한 인문 계열 고등학교라면 모두 한 명 정도는 서울대 합격생을 배출할 수 있겠지요. 그에 따라 입시 불평등이 상당히 완화될 수 있다고 보는데요. 서울대가 독보적으로 1위를 하던 대학 서열 체제가 무너지고 서울대와 연고대가 공동 1위 그룹을 형성하게 된다면 전반적으로 입시 경쟁도 조금은 완화될 수 있을 거라고 생각합니다. 이런 식으로 서울대 입학 전형을 바꾸는 것은 어떨까요?

조희연 서열화된 대학 체제를 개혁하기 위한 다양한 견해가 제기되고 또 함께 논의하는 과정이 필요하다고 생각합니다. 예를 들어 서울대를 대학원 대학으로 바꾸는 안도 있을 수 있습니다. 조기숙 선생님 안은 일종의 쿼터제를 대폭 확장하자는 방식입니다.

이기정 예, 지금은 서울대가 정원의 4분의 1 정도를 할당제인 지역 균형 선발 전형으로 뽑고 있는데요, 이것을 100%로 늘리자는 거죠. 지역 균형 선발 전형이라는 현재의 명칭 대신 '학교 균형 선발 전형'이란 이름을 사용해도 좋을 것 같습니다.

조희연 네, 저는 그런 제안도 충분히 논의할 수 있다고 생각하고요. 통합 국립 대학과 전면 쿼터제를 결합하는 방법도 충분히 있을 수 있다고 생각합니다.

과거 노무현 정부 때에도 지역 거점 대학을 살린다는 명분으로 대규모 재정 지원을 했습니다. 그러나 밑 빠진 독에 물 붓기더라고요.

대학 서열화 시스템 자체를 해체하는 개혁을 하지 않는 상황에서의
재정 지원은 의미가 없습니다.

잠자는 교실, 어떻게 깨울까?

이기정　2014년 교육감 선거에서 국민들은 우리 아이들이 더 행복해
져야 한다는 마음을 강하게 가졌던 것 같습니다. 그 열망이 진보 교육
감 시대라는 결과를 만들었는데요. 아직 아이들이 충분히 행복해지지
는 않았지만, 향후에는 국민들의 열망이 좀 바뀔 것 같다는 게 제 생
각입니다. 문재인 대통령의 교육 공약엔 "잠자는 교실을 깨우겠습니
다."라는 말이 등장합니다. 제가 볼 땐 이 말이 아무렇게나 나온 말이

조희연·이기정

아닙니다. 우리 국민이 가진 열망을 반영해서 하신 말씀 같습니다. 교육감님께서는 잠자는 교실을 깨우기 위한 어떤 방안을 가지고 계신가요? 물론 사회도 변하고 입시도 변하고 학교도 변하고, 모든 게 다 변해야 하겠지만요.

조희연 교실에서 자는 학생들도 자세히 보면 차이가 있다고 생각합니다. 그 취침 유형 중에 첫 번째는 에너지 절약형 취침입니다. 학원에 가서 진짜 공부를 하기 위해서 잠을 자 두는 유형이죠. 교실 수업 내용은 이미 학원에서 다 배운 거니까요. 두 번째는 자포자기형 취침이 있습니다. 부적응 학생을 포함해서 공부에 흥미가 없다거나 이미 초중등 학교의 기초 학력 부진이 고착화되어서 잠을 자는 거예요. 들어도 잘 모르고 지루하니까 수업에 아무런 관심도 없는 거죠. 세 번째는 역동적인 학생이지만 자기가 배우고자 하는 내용과 가르치는 내용 간에 괴리가 크기 때문에 잠을 자는 유형입니다. 적극적인 학생이지만 학교 교육 과정과의 불화로 인해서 취침하는 유형이지요. 그래서 세 가지 유형에는 각각 다른 해법들이 필요해요.

이기정 그 세 가지 유형의 학생들을 각각 어떻게 깨워야 할까요?

조희연 첫 번째 에너지 절약형 취침을 하는 학생은 사교육 중심의 선행 학습 교육 시스템을 바꿔서 깨워야 하고요. 두 번째 자포자기형 취침을 하는 학생은 맞춤형 교육을 통해 깨울 수 있습니다. 세 번째 유형은 아무래도 교육의 다양화가 필요해요. 그리고 학생들의 선택권을 확장하는 노력을 통해서 잠자지 않는 학생들을 많이 만들어야 하죠.

이기정 두 번째와 세 번째 유형의 학생들에게는 고교 학점제가 그 해법이 될 수도 있을 것 같습니다.

조희연 옛날에는 한 명의 인재가 만 명을 먹여 살린다는 인식으로 1등 인재를 육성하였지만, 지금은 시대가 바뀌어서 아이들도 적을뿐더러 그 하나하나가 모두 소중합니다. 그래서 기초 학력이 부진한 학생도 우리 사회의 당당한 일꾼이 될 수 있도록 맞춤형·개별형 교육이 필요합니다. 그런 면에서 고교 학점제가 제대로 시행되면 긍정적인 효과를 가져올 것으로 기대합니다.

절대 평가와 고교 학점제

이기정 근래 대학 입시의 중요한 현안 중 하나가 '수능 절대 평가냐, 상대 평가냐?'가 아닐까 생각합니다. 수능을 절대 평가로 할 것인가, 상대 평가로 할 것인가를 곧 결정해야 할 텐데요. 어느 쪽으로 결정해도 아마 국민 다수의 칭찬을 받기는 힘들 것 같습니다. 한쪽이 박수 치면 다른 쪽에서 원성이 일어날 것 같은데요. 교육감님은 수능 절대 평가와 상대 평가 중 어느 쪽이 바람직하다고 생각하시는지요?

조희연 궁극적으로는 절대 평가로 가되, 일정한 변별력이 존재하는 자격 고사로서의 수능이 되어야 한다고 생각해요. 수능 절대 평가의 등급이 9등급이 될지 5등급이 될지는 더 논의해야겠지만 일정한 점수 차이를 내포해서 변별력은 확보해야 된다고 생각합니다.

이기정 수능을 절대 평가로만 시행하면 모든 입시 문제가 해결이 될까요?(웃음)

조희연 당연히 안 되겠죠. 지금은 입시의 종류가 너무 다양합니다. 대학 입시 형태를 단순화하는 게 문제 해결을 위해 가장 먼저 필요할 것 같아요. 그래서 입시에서는 고등학교 교과와 비교과 활동에 대한 기록과 자격 고사로서의 수능만 보았으면 좋겠어요. 이러한 자료를 토대로 각 대학에서는 독특한 평가 방식으로 학생을 선발해야죠. 그런데 현재 대학의 서열화는 엄존하고 있는 상황 아니겠습니까? 이런 상황에서 학생의 성적을 엄격하게 줄 세울 수 있는 상대 평가는 위험하다고 봅니다. 그래서 수능 절대 평가와 함께 내신 절대 평가도 병행되어야 하겠죠.

이기정 궁극적으로는 수능도 절대 평가로 가고 내신도 절대 평가로 가야 한다는 말씀이시죠? 물론 당장에 실행하자는 게 아니라 더 연구해야겠지요.

조희연 네, 성취 평가 중심의 내신 절대 평가를 말합니다. 물론 이것은 단계적으로 여러 가지 보완해야 할 점이 있지만 큰 방향은 그렇다고 생각합니다. 그런데 절대 평가라는 것에 아까 이야기한 것처럼 9등급이나 5등급의 점수 차이는 존재하는 겁니다. 그래서 대학이 일정한 정도의 변별력을 확보할 수 있죠. 지금은 상대 평가로 전국의 학생들을 1등부터 꼴등까지 줄을 세우고 서열화된 대학의 상층부터 상위권 학생들을 데려가는 방식이잖아요.

이기정 수능은 전국의 학생을 줄 세우는 거고요. 내신은 학교 학생 전체를 줄 세우는 거죠.

조희연 그렇지요. 그런데 현실적으로 서열과 경쟁이 없는 사회는 없어요. 그러나 이걸 완화해야 하는 게 우리의 임무예요. 그래서 이런 입시 방식이 성공을 거두려면 먼저 대학 서열화가 완화되어야 해요. 그렇지 않고 '스카이' 대학에 들어가는 데 따른 투자 가치가 현저하게 존재하는 상황에서는 어떤 입시 방식을 도입하더라도 사교육이 범람할 수밖에 없어요. 또 내신에 어떻게 기록되느냐를 두고 학부모는 계속해서 선생님을 괴롭힐 거고요. 그래서 이런 제도적 개혁과 함께 궁극적으로는 사회적인 경쟁과 대학 서열화를 완화하는 방안을 함께 생각해야 합니다.

저는 자주 우리 사회를 낭떠러지 사회라고 말해요. 한 번 경쟁해서 패배하면 낭떠러지로 떨어지는, 패자 부활전도 없는 사회죠. 이런 사회를 궁극적으로 변화시키는 게 가능하다고 생각합니다. 우리가 이 정도 경제력을 갖고 있는데, 하나하나 소중한 우리 아이들을 무모하게 경쟁시킬 필요가 없어요. 그리고 수능 시험에 의해서 포착되는 아이들의 재능 차이라는 게 그렇게 엄청난 게 아니잖아요?

조희연 · 이기정

이기정 지금 문재인 정부가 고교 학점제 시범 학교를 선정해 사업을 추진하고 있는데요. 고교 학점제가 성공적으로 시행되려면 내신 절대 평가제가 함께 시행되어야 한다는 지적이 많습니다. 그런데 그 시범 학교들도 내신 상대 평가를 그대로 유지할 것 같습니다. 그러면 고교 학점제를 아주 낮은 차원에서만 시행할 수 있을 텐데요.

조희연 궁극적으로는 높은 수준의 고교 학점제가 시행되어야 한다고 생각합니다. 서울시교육청에서는 '개방-연합형 교육 과정'이라는 이름으로 일종의 낮은 수준의 고교 학점제를 선도적으로 수행하고 있습니다. 이것은 대학처럼 높은 수준은 아니지만 학생들에게 과목 선택권을 돌려주는 굉장히 중요한 전환이라고 생각해요. 1등부터 꼴등까지 서열화하는 수능이라는 상대 평가가 존재하고, 개별 과목의 시험이 대입에 치열하게 영향을 미치는 내신 상대 평가가 존재하는 상황에서, 아이들의 과목 선택은 수능에 유리하냐, 내신에 유리하냐를 염두에 두고 몰릴 수밖에 없죠. 그래서 내신 절대 평가와 수능 절대 평가가 함께 시행된다면 학생들이 자유롭게 자신의 진로와 미래를 생각해서 과목을 선택하고 자신에 맞는 고교 교육 과정을 직접 짤 수 있을 거라고 봅니다.

앞에서 말했다시피 일반계 고등학생의 반절이 교실에서 잠을 자고 있는 현실이에요. 이러한 현실을 극복하기 위해서라도 고교 학점제 시행은 불가피하다고 생각해요.

교사를 교수처럼, 교장을 총장처럼

이기정 고교 학점제가 시행되면 교사들은 학생들이 지금보다는 더 많이 수업에 관심을 갖게 연구하고 노력해야 합니다. 그런데 곰곰이 생각해 보면 그게 또 쉽지가 않아요. 교사들이 온전히 자신의 수업에 에너지를 투자해야 되는데 상황이 그렇게 녹록하지 않습니다. 무엇보다 교사는 흔히들 행정 업무라고 부르는 교육 외적인 업무에 상당한 시간과 에너지를 투여해야 합니다. 또 교사들에게 자율성이 부여되지 않아 동기 부여가 안 되는 측면도 있고요.

교육감님께서는 "교사가 교수처럼 근무하고, 또 교장은 대학 총장처럼 학교를 운영해야 한다."는 말씀을 하셨다고 알고 있는데요. 이 말씀의 취지를 조금 더 자세하게 설명해 주시고, 이걸 구현할 방안에 대해서도 말씀해 주시죠.

조희연 제가 대학교수로 있었기 때문인지는 모르지만 초중등 학교 운영과 대학 운영을 자꾸 비교하게 돼요. 대학은 구성원의 자율성이라든지, 구성원이 의사 결정에 참여하는 정도라든지의 측면에서 보면 비교적 민주적인 운영 방식을 갖고 있어요. 그래서 대학의 운영 방식이 초중등 학교의 운영 방식보다는 한 단계 높은 모델이라고 생각합니다. 이런 의도에서 교사가 교수처럼 근무하고 교장이 총장처럼 근무할 수 있는 환경을 만들어야 한다고 말한 것입니다. 대학 재직 시절의 제 동료들은 대학의 교수나 총장의 근무 환경을 이상화하는 것처럼 들린다고 비판하기도 하더군요. 그런데 굳이 이런 비유를 드는 이

조희연·이기정

유는 그래도 대학의 거버넌스나 구성원의 자율성이 초중등 학교에 비해서는 일반적으로 높기 때문입니다.

이기정 운영의 자율성 측면에서 초중등 학교보다 대학이 더 좋다는 이야기지요? 교사와 교장의 자율성을 보장해야 한다는 의미도 내포된 말 같습니다.

조희연 예, 초중등 교육 개혁의 방향을 최소한 현재의 대학식으로라도 전환하는 게 1차적으로 필요하다고 생각합니다. 예를 들어, 철학 개론 수업의 경우, 대학교 1학년 학부 수준에서의 철학 개론은 어느 정도 공통적인 교육 내용이 있어요. 그런데 전국의 철학 개론을 가르치는 교수들은 모두 다르게 가르쳐요. 그러나 지금 교사는 어떻습니까? 국가 교육 과정이 딱 짜여 있어서 1차시부터 17차시까지 해야 될 게 다 정해져 있잖아요.

이기정 교재 선택조차도 교사 개개인별로 못하는 상황이지요.

조희연 교재 선택권도 없고, 교사별 평가권도 없는 상황이지요. 그래서 궁극적으로 학교는 교육 과정 편성의 자율성, 수업 운영의 자율성, 평가의 자율성을 교사에게 완벽하게 보장하는 방향으로 변화해야 한다고 생각해요. 물론 국가 교육 과정의 큰 틀은 정해져야겠지요. 그렇지만 지금처럼 촘촘한 국가 교육 과정이 아니라 큰 가이드라인을 제시하는 방향으로 국가 교육 과정도 재설계해야 한다고 생각합니다.

이기정　교사인 제 입장에서는 참으로 반갑고 고마운 말씀인데요. 하여튼 교사가 오로지 교육에만 전념할 수 있는 여건과 제도가 마련됐으면 좋겠습니다. 그래서 교사들이 창의력과 개성을 살려 교육을 한다면 고교 학점제도 성공적으로 자리 잡을 수 있을 것 같습니다.

학교 자치의 핵심, 아래로 권한 이행

이기정　고교 학점제의 성공이 학교와 교육청의 노력만으로 해결되는 일은 아니겠지요. 학교 내신 제도부터가 교육부의 방침에 따라 전국의 모든 고등학교에서 똑같이 성적 줄 세우기를 하도록 되어 있으니까요. 교육감님께서 교육부를 좀 설득해 주시면 안 될까요?(웃음) 교육부가 갖고 있는 평가와 교육 과정에 대한 권한을 교육청으로 이전하게 하고, 또 교육청은 그 권한의 일부를 학교로 이전해 주면 좋을 텐데요.

조희연　저도 몇 년 동안 일을 하다 보니, 많은 부분이 국가 교육 시스템이라는 벽에 딱 막혀요. 교사가 교육에 집중할 수 있는 환경 조성을 위해 제안한 '교원 업무 정상화' 방안도 교육부에서 딱 막히는 겁니다.
　그런데 지금 지방 교육청 수준에서 수행하고 있는 혁신 교육 정책과 혁신 학교 지원 행정이 원래 교육청 주도로 시작한 게 아닙니다. 원래는 아래에서부터 주체적인 교육 혁신 운동이 다양하게 먼저 일어났어요. 그것을 받아안아서 지방 교육청 수준에서 교육 정책과 교육 행정을 재정립한 것이 혁신 교육이고 혁신 행정입니다.

이제는 국가 교육 시스템의 대전환이 필요한 때라고 생각합니다. 대전환도 혁신 교육과 마찬가지로 다양한 주체들의 소통과 협의가 필요하다고 생각합니다. 그 설계는 다양한 교육 주체들이 참여하는 국가교육회의를 통해서 이루어져야 하고요. 큰 방향은 교육 자치고, 교육 자치의 핵심은 학교 자치라고 생각합니다.

이기정 또 학교 자치의 핵심은 교사에게 권한을 주는 것이겠지요?

조희연 교사에게 자율성과 함께 권한을 주는 겁니다.

이기정 국가가 권력을 움켜쥐어서 교사에게 자율성이 없건, 교육감이 권력을 움켜쥐어서 교사에게 자율성이 없건, 또는 교장이 권력을 움켜쥐어서 교사에게 자율성이 없건, 어차피 자율성이 없는 것은 저희 교사 입장에서는 다 마찬가지입니다. 그러니까 교사의 권한으로 평가하거나 수업을 구성할 수 있고, 수업에 필요한 교재를 교사 개개인이 선택할 수 있고…. 이런 권한과 자율성을 보장하는 획기적인 전환이 필요하다고 봅니다. 우리가 부러워하는 교육 선진국 수준의 절반 정도라도 말입니다.

조희연 지금 교사는 교육 행정의 말단에서 국가가 시키는 대로 합니다. 그런데 엄밀하게 말하면 국가가 시키는 게 아니라 상층 교육 관료가 시키는 겁니다. 이렇게 자율성이 없으니 적극성과 주체성이 없어지고, 전체적으로 역동성이 없는 겁니다. 지금 정확히 그런 상태에 있고요. 교육부의 권한이 교육청으로 내려오면 당연히 그 권한은 학교로 이행되어야 합니다.

이기정 또 학교장은 반드시 교사에게 권한을 이행해야 하고요.

조희연 아까 '교장을 총장처럼'이라는 말도 있었는데요. 교장도 재정적 자율성이 더 많아져야 됩니다. 지금은 목적 사업비라는 명목으로 지출 항목이 촘촘하게 지시되어 있어서 학교가 자율적으로 쓸 수 있는 예산이 얼마 안 됩니다. 수억 원의 재정적 자율성을 갖는 방향으로 바뀌어야 하고요. 교장도 교사의 행정적 지원자가 되어야 해요. 그리고 궁극적으로는 교사들은 교육 과정과 평가에 대해 책임성과 자율성을 가지고 아이들을 교육해야 해요. 그만큼 교사의 책무성도 늘어나게 될 거라고 생각합니다.

이기정 자율성이 늘어나는 만큼 당연히 교사들도 맡은 바 책임을 다해야겠지요. 아무튼 교육감님 말씀대로 교사에게 대폭적인 자율성이 주어지려면 먼저 교육부가 지금 갖고 있는 권한을 대폭 교육청으로 이전해야 되는데요. 만약 교육부가 안 하려고 하면 어쩌지요?(웃음)

조희연 박근혜 정부 때에는 국정 교과서 문제라든지 누리 과정 문제로 교육청과 교육부가 대립하는 관계에 있었는데, 지금은 다르다고 생각합니다. 어쨌든 김상곤 장관 자신이 진보 교육감에서 출발하였고, 또 지방 교육청의 혁신 교육 정책을 이어받았어요. 그래서 그동안 지방 교육청을 속박하고 있던 국가 교육 시스템을 개선하는 과제를 부여받았다고 봅니다. 그 과제를 충실히 수행하지 않는다면 우리가 압박하고 비판하고 그래야 되겠지요. 그런데 그렇게 하지 않아도 잘 하실 거라 기대합니다.

학종과 대입

이기정 학종, 즉 학생부 종합 전형에 대한 이야기를 좀 해 보겠습니다. 일전에 기자 간담회를 통해 학종을 '대수술'해야 한다고 교육부와 대학에 제안하셨어요. 어떤 의도에서 이러한 발언을 하신 건지요?

조희연 초중등 교육 그중에서도 특히 고교 교육을 책임지고 있는 교육감으로서, 학부모와 학생의 학종에 대한 불신을 적극적으로 수용하면서, 동시에 고교 교육의 정상화라는 학종의 본질적 취지를 살리기 위해 학종이 어떤 방향으로 개선되어야 하는가를 제안하였습니다.

이기정 그렇다면 '대수술'까지 필요할 정도로 큰 학종의 문제점은 무엇이라고 생각하십니까?

조희연 현재의 학종은 공정성과 신뢰성에 대한 문제가 끊임없이 제기되고 있습니다. 수백만 원의 사교육을 통해서 소논문을 만들어 낸다거나, 학생의 힘이 아니라 소위 '돈의 힘'을 통해서 자기 소개서를 만들어 내기도 하고요. 심지어 얼마 전 언론에서 보도된 것처럼 교수가 자신의 논문에 아이의 이름을 병기해서 학종의 특혜를 얻으려고 하는 기상천외한 일탈도 생기게 되었습니다.

현재 교사의 70%가 학종 유지를 원하면서 학종이 고교 교육 정상화에 기여한다고 판단하고 있습니다.• 반면에 학부모의 80%는 학종의 불투명성과 불공정성을 비판하고 있습니다.•• 이런 극단적인 입장 차이 속에서, 학종의 유지를 전제로 한 개혁을 통해서 학부모들의 불신을 해소하는 노력이 필요하다는 결론에 이르게 된 것입니다.

세칭 일류 대학들에서는 학종이라는 제도를 고교 교육의 정상화라는 의미에서 운영하기보다는, 엄존하는 고교 서열 내에서 우수 학생을 뽑으려는 수단으로 악용하는 사례가 많습니다. 이러한 이유에서 현재의 학종에 칼을 대야 한다는 생각을 하게 된 것이고, 제가 권한이 있는 주무 부서의 책임자는 아니지만 서울 초중등 교육의 정상화를 책임지고 있는 사람으로서 학종 개혁안을 제안하게 된 것입니다.

이기정 학종으로 학생을 선발하는 것이 과연 공정하고 믿을 수 있는지에 대한 문제의식, 그리고 학종이 과연 고교 교육 정상화에 기여하고 있을까에 대한 문제의식의 결과라는 말씀이지요? 그럼 학종을 어

● 서울시교육연구정보원이 2016년 5월 고등학교 교원을 대상으로 한 설문 조사 결과에서, "학생부 종합 전형은 대학에서 학생을 선발하는 데 적합한 전형이라고 생각하십니까?"라는 질문에 73%가 '그렇다'라고 응답하였다.

●● 한국리서치가 송기석 의원실 의뢰로 2016년 6월에 실시한 학부모 설문 조사에서 응답자 79.6%가 '학종은 학생과 학부모가 합격·불합격 기준과 이유를 정확히 알 수 없는 전형'이라고 답했다.

조희연·이기정

디서부터 어떻게 손을 대야 할까요?

조희연 학종은 세 가지 차원에서 개선을 해야 합니다. 먼저 학종의 '준비물'을 개선해야 하고요. 다른 하나는 대학에서의 학종 운영 방식을 개선해야 합니다. 다음으로 학종 선발, 내신 선발, 수능 선발 비율의 최적의 균형점을 찾아야 합니다.

이기정 학종의 '준비물'이라는 것은 학종의 자료가 되는 학생부를 말씀하시는 거죠? 물론, 학생부 기록에 포함될 모든 활동이나 성적 등을 통틀어 말씀하시는 것일 테고요.

조희연 네, 그래서 학종의 '준비물'이 학생과 학부모에게 부담이 크다면 그 점을 개선해야 합니다. 학생부 기록은 학교 내 정규 교육 과정 활동 중심으로 제한했으면 합니다. 토론, 발표, 실험, 협동 학습 등 수업 방식 다양화를 통한 과정 중심 평가를 강화하여, 학생의 성장 과정을 관찰하고 기록하는 방식으로 변화되어야 할 것입니다. 불필요하게 사교육을 유발하는 항목은 축소해야 합니다.

물론 학종의 준비물에 해당하는 각종 학생부 기록 사항의 축소 및 개선은 '고교 교육 정상화'의 입장에서 논의해야 할 것입니다. '물 버리려다가 애를 버리는 우'를 범할 수 있으니까요. 이런 점은 고교 교사들의 의견을 많이 들어야 한다고 생각합니다. 또, 학종을 대비하는 학생들이 수능 점수까지 관리해야 하는 이중고를 겪지 않도록 수능 최저 등급제도 폐지해야 합니다.

이기정 학생들에게 수능이나 학종 어느 하나에 몰입하게 해 준다면 부담이 줄 수도 있겠어요. 그렇지만 교사의 입장에서는 여전히 학생들 개인별로 학종에 대비해 주는 일이 쉬운 일은 아니거든요. 학생이 써 온 자기 소개서도 검토해 줘야 하고 추천서도 써 줘야 하고. 게다가 학생의 성장 과정까지 관찰하고 기록해야 한다면 큰 부담일 텐데요.

조희연 대필 논란이 많고 '금수저 전형'을 위한 자료라는 비판을 받고 있는 자기 소개서는 대폭 개선하거나 현재로서는 폐지를 검토할 수 있다고 생각합니다. 또 표절이나 신뢰성에 문제가 있는 교사 추천서를 대체하여 학생부의 '행동 특성 및 종합 의견' 항목을 충실하게 기재하게 하고, 교육 주체 간 논의 및 의견 수렴을 통해 그 내용을 비공개로 하는 것을 검토해야 한다고 생각합니다.

이기정 자기 소개서와 교사 추천서를 폐지하는 것만 해도 교사들은 큰 부담을 덜 수 있을 것 같습니다. 이런 부담이 덜면 수업에 더 열중할 수 있을 것 같고요. 그런데 이러한 제안만으로는 학종이 과연 공정한가에 대한 국민적 의심을 피하기는 어려울 것 같은데요.

조희연 앞서 말씀드린 대로, 학종 개선의 중요한 지점은 대학의 학종 운영 방식을 더욱 투명하고 공정하게 하도록 만드는 것입니다. 학부모의 학종 불신이 상당 부분 여기서 기인합니다. 저는 학종의 투명성 확대와 공정성 확보를 위해 다음과 같은 네 가지 기구를 운영하자고 제안합니다.

첫째, '학생부종합전형공론화위원회'를 구성하여 학종의 공정성 확보와 개선 방안을 도출하기 위한 사회적 공감대를 형성하였으면 좋겠습니다.

둘째, 고교-대학 협력 체계에 의한 '대입전형위원회' 운영으로 학종 시행과 검토 과정에 고교 교원이 참여할 수 있도록 제도화하였으면 좋겠습니다.

셋째, 교원, 학부모, 교육청 관계자 등으로 구성된 '학생부종합전형 공정성평가위원회'를 운영하여 당해 연도 학종 운영의 공정성을 평가하고, 그 결과를 각 대학의 홈페이지에 게시하여 평가 절차의 투명성을 개선했으면 합니다.

넷째, '공공 입학 사정관제'를 운영해야 한다고 생각합니다. 대학 교수, 교원, 교육청 관계자 등 해당 대학 외부의 입학 사정관을 그 대학에 배정하는 것이죠. 각 대학으로 입학 사정관의 20~30% 정도 비율을 '공공 입학 사정관'으로 파견하고, 해마다 추첨에 의해 다른 대학으로 순환 파견한다면 학종에 대한 공정성과 투명성을 확보할 수 있을 거라고 생각합니다. 현재 교육청에서는 자사고나 외고의 면접 과정에 공공 감독관을 파견합니다. 이런 제도의 방식을 적용하면 될 것입니다. 이점은 꼭 실현되었으면 합니다.

이기정 그동안 교육청에서도 많은 연구와 논의 과정이 있었군요. 그런 기구들을 통해 학종의 공정성 시비에 대한 문제를 일부 해결할 수 있다고 하더라고, 내신과 수능, 학종을 모두 대비해야 하는 학생과 학부모들의 부담은 여전할 텐데요.

조희연 네, 그래서 대입 전형은 간소화되어야 한다고 생각합니다. 학생들이 내신, 수능, 소질과 적성을 고려한 학종 중 자신의 학업 성취 유형에 따라 적합한 대입 전략을 선택할 수 있도록 수시와 정시를 통합하는 방안이 필요합니다. 수시와 정시를 통합하여 수능을 치른 후 학종, 학생부 교과 전형, 수능 이 세 가지의 대입 전형을 동일 시기에 실시하는 대입 전형 간소화가 이루어진다면, 내신이나 수능 한 가지만 준비하여도 대학에 진학할 수 있어서 학부모와 학생의 부담이 상당 부분 경감될 거라고 생각합니다.

이기정 대입 전형이 간소화되어도 몇몇 주요 대학들이 지금과 같이 학종을 통한 학생 선발 비율을 과도하게 확대하고 그것을 통해 불투명한 선발을 지속한다면 학종에 대한 학부모와 학생들의 부담과 불신은 사라지지 않을 것 같습니다.

조희연 지금 일반 교사들은 학종이 고교 교육 정상화에 기여하는 측면이 크다고 판단하고 있어요. 그래서 현재 제기되고 있는 학종의 핵심적인 문제점들은 모든 대학에 적용된다기보다 서울대를 비롯한 세칭 일류 대학의 학종 운영상의 문제로 좁혀 볼 수 있습니다. 그런 면에서 이들 대학에 대해서는 대입 전형 간 선발 비율의 균형을 유지할 수 있도록 공적 규제를 해야 할 것입니다.

이기정 현재 서울의 주요 대학 중 몇몇 대학은 학종 선발 비율을 대폭 확대하고 학생부 교과 전형 선발 비율은 최소로 적용하고 있어요. 또

선발 절차도 불투명해서 상대적으로 특목고, 자사고 학생들에게 유리하다는 비판도 있습니다. 교육감님께서는 어느 정도의 비율이 적당하다고 생각하시나요?

조희연   서울대를 비롯한 주요 대학들에서 학종, 학생부 교과 전형, 수능 간 선발 비율이 1:1:1 정도로 적절한 균형을 유지했으면 좋겠어요. 학종이 전체 선발 비율의 1/3을 넘지 않도록 상한선을 두었으면 하고요. 대입 정원의 일정 비율 이상을 꼭 학생부 교과 전형으로 선발하도록 해야 합니다.

최근 대입에서 수시 모집 비율은 74%(2018학년도 기준)로 크게 증가하였습니다. 서울대는 전체 모집 인원의 70%를 학종으로만 선발하고 있습니다. 즉 세칭 일류 대학들의 경우 내신을 중시하는 교과 전형보다 대학의 주관적 평가가 크게 작용할 수 있는 학종으로 학생들을 훨씬 많이 선발한다는 이야기입니다. 이런 점 때문에 고교 교육 정상화의 견지에서 학종의 긍정성을 인정하면서도 주요 대학의 학종

● 3개년 대입 시기별 모집 비율

구분	수시 모집	정시 모집	총 모집 인원
2017학년도	248,669명(69.9%)	107,076명(30.1%)	355,745명
2018학년도	259,673명(73.7%)	92,652명(26.3%)	352,325명
2019학년도	265,862명(76.2%)	82,972명(23.8%)	348,834명

– 출처: 한국대학교육협의회, 『2019학년도 대학 입학 시행 계획 주요 사항(2017. 4. 28.)』

●● 2018학년도 서울대 전체 모집 인원은 3,439명이다. 이 중 수시 모집 인원은 2,572명이고, 학종(지역 균형 선발 전형+일반 전형)으로 모집한 인원은 2,408명이었다.

조희연·이기정

에 대한 적절한 공적 규제가 필요하다고 생각합니다.

마지막으로 말씀드리고 싶은 것은, 학종에 대해서는 '현상 유지론' 대 '학종 수술론'이 있을 수 있습니다. 저는 당연히 후자에 속합니다. '학종 수술론' 내에서도 '학종 폐지론' 대 '학종 개선론'이 있다고 하면 저는 후자에 속합니다. 교사의 70%가 학종에 찬성하고 학부모의 80%가 불신을 갖는 상황에서, 학종 수술이라는 점에서는 학부모와 입장을 같이하지만, 학종의 개선을 통한 유지라는 점에서는 교사들의 일반적 입장과 동일하다고 생각하면 될 것입니다.

대학 입시에 만병통치약은 없다

이기정 입시의 세계는 나쁜 놈들만 존재하는 세계 같습니다. 존재하는 것은 온통 문제가 많은 나쁜 입시들뿐입니다. 문제를 발생시키지 않는 착한 입시란 건 애초에 존재하지도 않는 것 같습니다. 그러나 그렇다고 해서 입시를 전부 없애 버릴 수는 없지요. 그렇게 하면 문제가 해결되는 것이 아니라 '혼란과 무질서'라는 새로운 문제만 추가될 가능성이 큽니다. 현실적으로 우리는 나쁜 입시들의 존재를 인정할 수밖에 없는 것 같습니다. 그러나 세간에는 여전히 수많은 교육 문제를 일거에 해결해 줄 마법의 열쇠와 같은 입시를 갈망하는 사람이 적지 않은 것 같습니다.

조희연 대학 입시에 만병통치약은 없다고 생각합니다. 새로운 제도를 도입하려 하지 말고, 대입 전형을 단순화하고 내신, 학종, 수능 선발의 적절한 균형점을 찾아야 합니다. 모든 문제를 일시에 해소하는 대입 개선안이란 존재하지 않습니다. 대입 방식은 사회 보장 제도가 충분히 발전하지 못해 치열하게 경쟁해야만 하는 한국 사회의 현실에 의해 규정되는 종속 변수입니다. 사회가 치열하고 안정성이 보장되지 않으니까, 학부모는 자녀에게 좋은 대학 졸업장을 쥐어 주고 사회에 내보내고 싶을 테고, 그래서 입시에 올인하는 것입니다. 따라서 새로운 대입 제도를 도입하려고만 하지 말고, 경쟁을 완화하고 사회 복지 제도를 확충하는 등의 사회 개혁을 병행해야 합니다. 현존하는 대입 제도를 단순화하면서 국민적 중지를 모으는 노력이 필요합니다. 특히 내신 절대 평가나 수능 절대 평가가 현행 대입 전형과 연결되면서 나타나는 왜곡 효과에 대해서도 진지한 검토가 필요합니다.

또 입시 제도의 적용 시점도 대단히 중요합니다. 가급적이면 긴 호흡으로 결정해서 학부모와 학생이 충분한 시간을 갖고 대비할 수 있도록 해야 합니다. 2015 국가 교육 과정도 박근혜 정부에서 진행되다가 시행은 문재인 정부에서 이루어지고 있지 않습니까? 저는 새로운 교육 과정도 문재인 정부의 국가교육회의에서 긴 토론과 공론화를 거친 다음, 차기 정부에서 시행하는 것도 고려할 수 있을 것 같습니다.

이기정 사람마다 입시에 대한 선호가 분명하게 갈리는 것 같습니다. 어떤 사람은 수능 위주의 입시를 옹호하고 또 어떤 사람은 학종의 확대를 주장합니다. 학생부 교과 전형을 확대하자는 주장도 만만치 않습니다. 이쪽 주장을 수용하면 저쪽 사람들이 분노하고, 저쪽 주장을 수용하면 이쪽 사람들이 분노합니다. 입시를 둘러싼 사회적 갈등이 너무 격화되는 것은 아닌가 하는 염려마저 드는데요. 교육감님께서는 이에 대해 어떤 복안이 있으신지요.

조희연 수능 만능론이나 학종 만능론에 빠질 필요는 없다고 생각해요. 수능 중심의 대입 방안에 대해서는 이미 그 문제점이 충분히 노정되었기 때문에 내신 전형과 학종이 도입된 것입니다. 이런 맥락에서 새로운 제도를 도입하거나 하나의 전형 방법을 획기적으로 없애지는 말았으면 해요. 또한 과거형의 수능 중심으로도 회귀하지 말고, 현존하는 3가지 제도의 적절한 균형점을 찾았으면 합니다. 이런 개선 방안에 대해서는 앞으로 국가교육회의에서 학부모와 교사, 대학의 이야기를 종합적으로 듣고 국민적 공론화 과정을 밟아 주었으면 합니다.

교육 영향 평가를 시행하자

이기정 사회가 급격하게 변하고 있습니다. 4차 산업 혁명이란 말을 굳이 언급하지 않더라도 학교가 시대의 변화를 외면해서는 안 될 것 같습니다. 그런데 학교는 그대로인데 사회가 학교에 요구하는 것들이 너무 많아졌다는 생각이 들어요.

조희연 교육감으로서 학교의 그런 애로 사항을 많이 듣게 돼요. 지금 학교에는 '좋은 혹'이 여러 개 주렁주렁 달리는 상황이어서, 정작 학교의 핵심적인 기능인 교육을 제약하는 상황으로까지 와 있다고 생각합니다. 예를 들어 볼게요. 이전에 급식은 가정의 몫이었습니다. 그러나 급식 운동의 성과로 학교 급식이 도입되었습니다. 급식을 학교에서 하는 일은 좋은 일입니다. 그런데 그로 인한 학교의 부담은 엄청 늘어났습니다. 또 '방과 후 학교'는 사교육을 공교육이 흡수한다는 좋은 취지에서 노무현 정부 말기에 도입되었습니다. 사교육 열풍에 대응하기 위한 것이기도 했지요. 그런데 어떤 의미에서는 학원적 기능이 학교로 도입된 것이라고 볼 수 있습니다.

이기정 당연히 교사들의 부담은 이전보다 많이 늘었어요.

조희연 네, 보육 혹은 복지의 영역이 학교에 들어온 것입니다. 그런데 문제는 시스템적 보완 없이 필요에 따라 그냥 파편적으로 도입되다 보니까, 그 자체로는 좋은 일이지만 학교는 보육이나 복지 업무를 기피하는 지경에 이르게 되었습니다. 복지 국가로 이행하게 될 미래 사회에서, 학교가 담당해야 할 몫이 정확히 무엇인지, 그리고 지역 사회와 어떻게 분업해야 하는지 등을 총체적으로 고민해 보면 좋겠습니다.

이기정 옳으신 말씀입니다. 지금은 어디까지 학교가 교육해야 하고 어디까지 가정이 책임을 져야 하는지, 혹은 어느 부분은 학교가 책임을 지고 어느 부분은 정부나 지역 사회가 책임을 져야 하는지 역할이 명확히 구분되지 않은 채, 무조건 일만 생기면 학교에 떠맡기는 경향이 있어요.

조희연 지금은 문제가 터지면 다 학교로 보내죠. 교육이 중요하다는 인식 때문에, 성폭력 사건이 발생하면 성폭력 예방 교육 시간을 학교에 내려보내고, 세월호 사건이 일어났을 때는 안전 교육 시간을 학교로 내려보내요. 정규 수업을 못하는 지경이 되었습니다. 법안이 하나 만들어질 때마다 학교는 혹이 하나 더 늘어나는 거예요.

이기정 현재 인성 교육 진흥법이 제정되어 시행 중인데요. 학생들의 인성 교육에 실제로 기여한 것은 하나도 없고, 그로 인한 업무만 늘었다는 게 저의 판단입니다.

조희연 그래서 저는 교육 관련 법안을 발의할 때마다 '교육 영향 평가' 같은 것을 거쳐야 된다고 생각해요.

이기정 환경 영향 평가처럼 교육 법안도 발의할 때 그것이 미칠 파장에 대해서 조사를 해야 된다는 말이지요?

조희연 네, 파편적으로 보지 말고 환경 영향 평가처럼 전체를 보자는 거죠. 앞으로 생길 법안이 미칠 파장과 효과에 대해 다각적으로 점검해 보자는 말입니다.

이기정 법안을 만들 때, 물론 그 법안의 의도는 다 좋지요. 학교 교육을 살리기 위해서 만들지, 죽이기 위해서 만들지는 않을 테니까요. 하지만 그것이 실제로 학교 교육을 살려 내느냐는 별개의 문제거든요. 인성 교육 진흥법만 해도 얼마나 좋은 취지로 만들어졌습니까? 그런데 실제로 그로 인해 인성 교육이 좋아졌느냐 하면, 거의 모든 교사들이 회의적일 겁니다. 행정 업무와 요식 행위만 늘려 놨을 뿐이지요. 그러니까 어떤 법이 만들어졌을 때 실제로 그게 교육을 좋게 만들 것이냐에 대해 명확하게 따져 봐야 할 것 같긴 해요.

조희연 학교의 학생이나 교사를 상대로 교육 시간을 부과하는 법을 제정할 때에는 무조건 '교육 영향 평가' 과정을 거치도록 하면 좋겠습니다. 법이나 조례가 만들어지게 되면 전문 위원들이 그 법안에 대한 재정 추계 분석을 제출하는데 이런 방식을 염두에 두어도 좋겠습니다.

이런 생각도 해 봤어요. 시민 단체에서 국회나 지방 의회를 감시할 때 주요하게 쓰는 지표가 법안 발의율입니다. 법안 발의율이 높으면 의정 활동을 잘했다고 평가하다 보니, 어떻게든 법안 발의를 많이 하려고 난리들입니다. 물론 좋은 법안을 많이 만드는 것은 숭요합니다. 그런데 사건만 나면 법이나 조례를 만들라고 압박을 하다 보니 나쁜 법들도 함께 만들어집니다. 그런 점에서 시민 단체도 법안 발의율만 감시할 게 아니라, 좋은 법안을 발의했는지도 심층적으로 감시해야 한다고 생각합니다.

이기정 얼마 전에 '과학·수학·정보 교육 진흥법'이 제정되지 않았습니까? 기존에 존재하던 '과학 교육 진흥법'을 전면 개정해서 거기에 수학과 정보 과목까지 포함한 것인데요. 그때 제가 SNS에 국어 교육 진흥법은 안 만들었으면 좋겠다는 취지의 글을 올렸어요. 제가 국어 교사니까요.(웃음) 왜 그랬냐면 국어 교육 진흥법을 만들면 정작 국어 교육이 좋아지는 것이 아니라, 그 법에 따르는 행정 업무만 늘고 그 법에 맞추기 위한 요식 행위만 늘어날까 봐 걱정했기 때문이죠. 국어 교육 진흥법이 오히려 국어 교육에 악영향을 줄까 염려했던 것입니다. 그래서 교육감님이 말씀하신 '어떤 교육 관련 법안이 만들어질 때 그것이 학교 현장에서 실제로 교육을 좋게 만드는 쪽으로 작동되는지 영향을 평가해야 한다.'는 생각에 전적으로 동의합니다.

조희연 이게 역설적인 상황입니다. 선한 의도로 출발했지만 악한 결과가 나온 상황이죠.

이기정 그럼 이걸 의무화하려면 교육 영향 평가법, 이것 자체는 법안으로 한번 발의할 필요가 있겠네요.

조희연 충분히 그럴 수 있겠지요. 환경 영향 평가의 사례가 있으니까요.

이기정 법 만들어서 교육이 좋아진다면 얼마든지 만들 수 있겠지요. 그런데 법이 생길 때마다 교사들이 느끼는 생각은 행정 업무 하나가 늘어났다는 것입니다. 그래서 국회에서 교육에 관한 법을 만들 때 그것이 실제로 교육에 좋은 영향을 미치는지 따져 보는 게 꼭 필요할 것 같아요. 아예 기존에 만들어진 교육에 관계되는 법도 다 교육 영향 평가를 거쳐서 폐기할 건 폐기하고 고쳐야 할 건 고치는 게 어떨까요?

조희연·이기정

조희연 충분히 고려해 볼 만하고 그래야 된다고 생각합니다. 필요하다면 '교육영향평가위원회'를 만들어서 학부모, 교사, 교수, 교육 관료, 그리고 교육에 관계된 누구나 참여해서 심층적인 논의를 해 봐도 좋을 것 같습니다.

이기정 학생들이 행복해졌으면 좋겠습니다. 교실이 즐겁고 활기찼으면 좋겠습니다. 그 목표를 향해서 교육감님도 힘차게 달려가고 계신데요. 모두의 노력으로 그날이 하루 빨리 오기를 바랍니다. 지금까지 좋은 말씀 감사합니다.

조희연 감사합니다.

나쁜 입시들과 교실 혁명

나쁜 입시들

우리 주위에는 온통 나쁜 입시들뿐이다. 상대적으로 조금 덜 나쁜 입시만 존재할 뿐 착한 입시는 존재하지 않는다. 교육의 당위 앞에선 모든 입시가 죄인일 수밖에 없다. 교육의 법정이 존재한다면 모든 입시가 유죄 선고를 받을 것이 분명하다.

학생부 교과 전형, 학생부 종합 전형, 논술 전형, 수능 전형, 특기자 전형… 모두가 유죄 선고를 받을 것이다. 이렇듯 입학 전형이 전부 유죄인데 입학 전형을 구성하는 입시 요소들이 무죄일 수는 없다. 학생부 교과 전형과 학생부 종합 전형의 주요 요소인 내신 성적(학교 시험과 학생부 교과), 학생부 종합 전형의 주요 요소인 비교과, 구술 면접 고사, 논술 전형의 논술 고사, 수능 위주 전형의 수능 시험… 모두가 유죄 선고를 받을 것이다. 자기 소개서, 추천서 등도 예외가 아니다.

몇 년 형을 선고해야 속이 시원할까? 속이라도 시원하게 한번 형을 언도해 보자. 어떤 입시부터 형을 선고해 볼까? 오랫동안 입시의 세계를 지배한 수능 시험부터 시작하는 것이 좋겠다. 몇 년 형이 적당할까? 10년 형을 선고한다고 해 보자. 창의적 사고력을 가로막는 오지선다형 객관식 시험, 과도한 문제 풀이 학습을 유발하는 시험, 사교육을 유발하는 시험, 수십만 학생을 냉혹하게 줄 세우는 시험…. 10년 형은 선고해야 속이 시원할 것 같다. 그런데 수능이 10년이라면 다른 입시는 몇 년이어야 할까?

내신(학교 시험)에는 몇 년 형이 적당할까? 내신은 몇 가지 장점에도 불구하고 다음 두 가지 면에서는 수능에 비해 죄가 더 무겁다. 무엇보다 내신 경쟁은 그 성격이 수능 경쟁보다 더 비교육적이다. 내신은 경쟁의 대상자가 오로지 학교 친구들이다. 주된 경쟁자가 다른 학교 학생인 수능과 크게 다르다. 학생이 체감하는 고통이 훨씬 크고, 더 비인간적이다. 그리고 단편적 암기 지식을 묻는 문제가 수능에 비해 훨씬 많다. 그래서 주입식·암기식 저차원 학습을 유발하는 정도가 수능보다도 내신이 더 심하다. 적어도 수능 국어의 경우엔 암기 지식을 묻는 문제가 존재하지 않는다. 학생들이 국어 공부를 암기식으로 하고 있다면 그것은 수능이 아닌 학교 시험 때문이다.

대학별 고사(논술 고사와 구술 면접 고사)는 몇 년 형이 적당할까? 논술 고사와 구술 면접 고사는 그것이 갖는 장점에도 불구하고 다음

두 측면에선 수능보다 죄가 더 크다. 우선 사교육 유발 효과가 매우 크다. 1994~1996학년도 입시에 존재했던 대학별 고사(본고사)가 폐지된 이유가 무엇인가? 사교육 때문이었다. 그리고 대학별 고사는 특목고·자사고 같은 학교에 현저히 유리한 입시다. 입시 불평등을 심화하는 입시다. 실제로 이것은 논술 전형이나 구술 면접이 큰 역할을 하는 서울대 학생부 종합 전형(일반 전형) 등의 입시 결과를 보면 쉽게 확인할 수 있다.

비교과 영역에는 몇 년 형을 언도해야 할까? 비교과 영역은 오랫동안 입시의 희생자이기만 했었다. 하지만 입학 사정관제와 학생부 종합 전형으로 인해 입시의 영역으로 들어오면서 이 또한 교육의 가치를 훼손했다. 비교과 활동은 여러 장점에도 불구하고 다음 두 측면에서는 수능보다 죄가 더 무겁다. 첫째, 비교과 영역은 거짓과 과장과 윤색과 뻔뻔함이 큰 힘을 발휘한다. 입시로서의 비교과는 학생과 교사와 학부모에게 끝없이 위선과 거짓을 강요한다. 둘째, 비교과는 부모와 학교의 역량이 입시에 영향을 미친다. 단순히 영향을 미치는 것에 그치는 것이 아니라, 아주 크고도 직접적인 영향을 미친다. 비교과 입시 경쟁에서 부모와 학교는 학생을 돕는 조력자에 그치는 것이 아니라, 학생과 함께 뛰는 선수 역할을 한다. 개천에서 용이 나는 일이 힘들다는 말이다.

수능은 유죄인가? 유죄다. 그러나 다른 입시 또한 모두 유죄다. 불행히도 우리가 활용할 수 있는 입시는 이렇게 전부 나쁜 입시들뿐이다. 애초에 착한 입시란 건 존재하지도 않는다. 사교육 문제를 해결해 주고, 입시 경쟁을 완화해 주고, 학교 간의 심각한 입시 불평등을 완화해 주고, 잠자는 교실을 깨워 주고, 4차 산업 시대에 맞는 인재도 양성해 주고…, 이 모든 것을 동시에 충족해 줄 그러한 착한 입시 제도는 존재하지 않는다. 현실에 존재하는 건 온통 나쁜 입시뿐이다. 어떤 입시가 나쁜 입시라서 그 입시를 폐기해야 할 때 그것을 대신할 입시도 역시 나쁜 입시뿐이다. 안타깝지만 이것이 우리가 직면한 냉혹한 현실이다.

이 나쁜 입시들에 대해 문재인 정부의 교육부는 어떤 태도를 보여 왔는가? 지극히 선한 태도를 취해 왔다. 나쁜 입시들의 영향력을 감소시키거나 없애려 했다. 내신은 5등급 절대 평가제를 검토하고 있고, 수능은 전 과목 9등급 절대 평가제를 도입하려 한다. 논술 고사와 구술 면접 고사는 폐지를 염두에 두고 있다. 비교과는 항목과 분량의 축소를 검토하고 있다.

하나하나를 따로 놓고 살펴보면 교육부는 박수받을 일을 하고 있다. 교육부의 선한 의지는 의심의 여지가 없다. 그런데 문제는 그것을 동시에 실행하는 것이 매우 어렵다는 데에 있다. 현실적으로 그것은 불가능하다. 그럼에도 불구하고 교육부가 국가교육회의를 앞세워 밀어붙이면? 문제가 해결되는 것이 아니라 '혼란과 무질서'라는 새로운 문제가 추가될 뿐이다. '입시 무정부주의'라는 새로운 세계가 도래할 뿐이다.

결국 우리는 나쁜 입시 중 어떤 것과는 손을 잡아야 한다. 국가교육회의는 '숙의'와 '공론화'를 거쳐 어떤 입시(들)에 손을 내밀까? 선한 의지만을 앞세우다 마지막 남는 것에 어쩔 수 없이 손을 내밀게 되는 상황만은 피했으면 한다.

교실 혁명

지금의 입시 제도가 죄다 나쁜 것들뿐이라고 해서 넋 놓고 있을 수는 없다. 교육과 관련된 직업을 가진 이들이라면 모두가 교육을 개선할 책임과 의무가 있다. 나쁜 입시 속에서도 우리는 끊임없이 '교실 혁명'을 이루기 위해 노력해야 한다. 그런데 과연 혁명이란 말을 쓸 수 있을 만큼의 큰 변화가 교실에서 일어나는 일이 가능할까? 그것을 실현할 방안이 존재는 하는 것일까? 나는 우리 사회가 이미 그 해답을 알고 있다고 생각한다. 실천이 어려울 뿐 방법이 없는 것은 아니라고 생각한다. 무엇일까? 나는 문재인 대통령의 공약인 고교 학점제에 주목한다.

"고등학교의 고교 학점제를 실시하겠습니다. 교사가 수업을 개설하고 학생이 원하는 과목을 수강하는, 완전히 다른 교실이 열릴 것입니다." (문재인, 2017년 3월 22일)

고등학교에서의 학점제라면 고교 교육에만 해당하는 것 아닐까? 물론 고교 학점제는 우선적으론 고등학교의 변화를 가져올 것이다. 하지만 고교 학점제의 성공을 위해 필요한 제도들 중 상당 부분은 중학교와 초등학교 교육의 변화를 위해서도 필요하다. 고교 학점제의 성공은 중학교와 초등학교의 변화로 이어질 것이다.

고교 학점제가 성공하려면 다음 여섯 개의 제도 및 환경이 갖춰져야 한다.

① 내신(학교 시험) 절대 평가 제도

② 내신(학교 시험) 교사별 평가 제도

③ 학생의 폭넓은 교과 선택권 보장

④ 교과서 자유 발행과 자유 선택 제도

⑤ 교육 위주의 공교육 제도와 문화(행정이 아니라 교육을 위주로
하는 공교육 제도와 문화, 즉 교사들을 교육에만 전념케 하는 제
도와 문화)

⑥ 교육청·교육부 개혁

여섯 개 모두 중요하지만 모든 것을 완벽하게 갖춘 후에야 고교 학
점제를 실시할 수 있는 것은 아니다. 현실적으로 고교 학점제를 시행
하면서 조금씩 여건을 갖춰 나갈 수밖에 없다. 그러나 반드시 처음부
터 확실하게 시행해야 하는 것도 있다. ①과 ②다. 이 둘이 왜 중요한
지에 대해서는 굳이 여기서 언급하지 않아도 알 것이다. 앞에서 네 분
이 힘주어 말하였기 때문이다.

고교 학점제를 시행한다면, 또 고교 학점제의 성공적 정착을 위해
우리는 어떤 입시 제도를 러닝메이트로 두어야 할까? 과도기적으로
수능 시험을 활용하는 것은 어떨까? 물론 사회적 합의를 이끌어 낼
수 있다면 수능이 아닌 다른 것이어도 상관은 없다. 논술 고사여도 좋
고, 구술 면접 고사여도 좋고, 비교과 영역이어도 좋다. 심지어는 대
학별 본고사를 부활하는 것도 생각해 볼 수 있다. 하지만 우리 사회의
합의 수준을 생각하면 수능 시험을 활용하는 것이 그나마 부작용이
적을 것이다.

수능의 역할이 커져도 고교 학점제가 성공할 수 있을까? 편의상 교실 혁명의 과정을 낮은 단계와 높은 단계로 구분해 보자. 낮은 단계에서는 수능의 역할이 커져도 고교 학점제가 성공할 수 있다. 이 단계에서 고교 학점제가 시행되면 어떤 변화가 일어날까?

첫째, 학생의 교과 선택권을 확대할 수 있다. 수능은 학생의 교과 선택을 폭넓게 인정하는 입시이다. 수능 전형에선 영어와 수학을 버려도 진학할 수 있는 대학이 제법 많다. 대학 진학을 포기한 학생부터 서울대에 가려는 학생까지, 이들에게 똑같은 교과 선택을 강요한 것은 수능이 아니다. 그것은 현재의 내신(학교 시험)이고, 내신에 기반을 둔 학교 교육 과정이다.

둘째, 수업의 질이 향상될 수 있다. 학생들에게 주입식·암기식 학습을 강요하는 주범은 내신, 즉 학교 시험이다. 획일적 저차원 수업을 만든 주범도 현재의 내신이다. 수능도 물론 범인이지만 내신에 비하면 종범에 불과하다.

물론 교실 혁명의 높은 단계에서는 수능이 질곡으로 작용할 것이다. 무엇보다 수능은 객관식 시험이란 한계가 뚜렷하다. 더 높은 발전을 위해선 현재의 수능을 폐기하거나 개선해야 한다. 아예 폐기해 버릴까? 자격 고사로 전환할까? 수능 시험에 논술식 문제를 도입할까? 어떤 방식으로든 현재 형태의 수능과는 이별해야 한다. 그러나 그것은 고교 학점제가 충분히 뿌리를 내리고 교실 혁명이 일정한 성공을 거둔 이후에 할 일이다. 무엇보다 다른 대안을 마련한 이후에나 할 일이다.

대학 입시가 존재하는 한 교실 혁명은 불가능할까? 그렇지 않다.

교실 혁명을 가로막는 최대의 장애물은 대학 입시가 아니다. 우리의 의지 부족일 뿐이다. 교육 선진국이라고 대학 입시가 없는 게 아니다. 그리고 그것들이 모두 다 좋은 입시들인 것도 아니다. 그러나 그들은 우리가 꿈꾸는 것을 이미 시행하고 있다. 우리라고 못할 이유가 무엇이란 말인가?

2018년 4월

이기정

| 입시 용어 설명서 |

● 독자의 이해를 돕기 위해 대학 입시의 여러 요소를 정리해 보았습니다. 입시 요소에 대한 설명은 최대한 객관성을 유지하려고 노력하였으나, 본 책의 편찬 의도를 고려할 때 개인적인 견해를 배제할 수 없었음을 미리 알려 드립니다.

〈입시 요소 정리표〉

번호	요소		내용	참고
1	내신		상대 평가 학교 시험 (중간고사 + 기말고사 + 수행 평가)	시험
2	수능		상대 평가 수능 시험	
3	대학별 고사	논술 고사	논술 시험	
		구술 면접	시험 성격의 구술 및 면접	
4	교과 관련 경시대회 수상 경력		학생부 비교과 수상 경력 중 교과 관련 경시대회 시험	
5	학생부 비교과		비교과 활동 기록(시험 성격의 경시대회 수상은 시험으로 분류)	비시험
6	자기 소개서		자기 소개서	
7	면접		일반 면접(시험 성격의 면접은 내학별 고사로 분류)	
8	추천서		추천서	
9	고교 등급		고교 학력 차이 반영	비공식적 요소
10	절대 평가 내신		5등급 절대 평가 학교 시험	논의 중
11	절대 평가 수능		9등급 절대 평가 수능 시험	논의 중
12	본고사		대학별 본고사	금지 상태
13	추첨		일정 기준 이상 지원자들을 추첨으로 당락 결정	소수 주장

※ 1~9는 현재 입시에 활용되고 있는 요소이고, 10~13은 논의 중이거나 고려해 볼만 한 요소이다.
※ 고른 기회 전형, 기회 균형 전형 등의 입시 전형과 음대, 미대, 체대 입시는 제외했다.
※ 대학별 고사로 분류한 시험 성격의 면접과 대학별 고사로 분류하지 않은 일반적인 면 접이 명확하게 구별되는 것은 아니다. 중간적 성격의 면접이 얼마든지 있을 수 있다.

1. 내신

학생부 교과 성적.

정규 시험 성적과 수행 평가 성적의 합으로 이루어진다. 수행 평가의 비중이 확대되고 있으나 입시 변별력은 주로 정규 시험을 통해 나타난다.

과목별 9등급 상대 평가제다. 과목별로 1등부터 꼴찌까지 등수를 정한 후 일정한 비율에 따라 석차 등급을 부여한다. 등급 경계선상의 동점자가 많으면 동점자 전원의 등급이 아래로 내려간다. 성적 부풀리기를 방지하기 위함이다. 따라서 시험 응시자 전원이 100점 만점을 받으면 응시자 전원이 5등급을 받을 수 있다.

성취 평가제라는 이름의 절대 평가제가 공존하고 있지만 실제로는 아무런 존재 의미가 없다. 대학 입시에 반영되고 수업에 영향을 미치는 것은 상대 평가제다.

학생부에는 석차 등급뿐만 아니라 원점수, 과목 평균, 표준 편차 등도 함께 기록된다. 대다수 대학은 석차 등급 환산 점수를 입시에 활용하지만, 일부 대학교에서는 석차 등급 대신 원점수, 과목 평균, 표준 편차를 이용하여 표준 점수(일명 Z점수)를 산출하여 입시에 활용하기도 한다. 고교 간의 학력 차이를 보정하기 위함으로 판단된다.

2. 수능(대학 수학 능력 시험)

한국교육과정평가원이 출제하는 국가 시험.

한국사 과목만 필수이고 그 외의 다른 과목은 모두 선택 과목이다. 수능에서 국·영·수가 필수 과목인 걸로 아는 사람이 많은데, 전부 선택 과목이다. 실제로 국·영·수 중 두 과목 정도는 아예 내버려도 갈 수 있는 대학이 상당히 많다. 그런데도 국·영·수 과목이 필수인 것처럼 인식되는 이유는 주로 상위권 대학에서 세 과목의 점수를 필수로 요구하기 때문이다. 원점수는 제공되지 않고 표준 점수, 백분위 점수, 석차 등급이 제공된다.

절대 평가제의 도입 여부가 관심사다. 2018년 기준으로 한국사와 영어 두 과목만이 9등급 절대 평가제다. 한국사는 필수 과목으로 지정될 때부터 절대 평가제였고, 영어는 2018학년도 수능부터 절대 평가로 시행됐다. 이들 절대 평가 과목은 원점수는 물론 표준 점수와 백분위 점수도 제공하지 않고 오로지 등급만 제공한다. 한국사는 원점수 40점 이상이 1등급이다. 이하 5점 단위로 등급이 하나씩 내려간다. 영어는 원점수 90점 이상이 1등급이다. 이하 10점 단위로 등급이 하나씩 내려간다.

3. 대학별 고사

대학이 출제하는 시험.

현재 존재하는 대학별 고사는 논술 고사와 구술 면접 고사이다. 논술 고사는 논술 전형의 핵심 요소이고, 구술 면접 고사는 학생부 위주 전형, 특히 학생부 종합 전형(이하 학종)의 중요한 요소이다. 구술 면접 고사가 입시에서 활용되는 양상은 대학마다 다르고 동일 대학 내에서도 학과마다 다르다. 서울대의 경우 같은 학종이라도 일반 전형의 경우는 구술 면접 고사를 중요한 요소로 활용하지만 지역 균형 선발 전형의 경우엔 그렇지 않다. 지역 균형 선발 전형에도 면접이 존재하지만 그것은 대학별 고사 성격의 면접이 아니라 일반적 의미로서의 면접이다.

본고사는 금지됐다. 하지만 자연계 논술 고사는 본고사의 성격을 갖고 있다. 본고사가 금지되었기 때문에 논술 고사란 이름을 사용하고 있을 뿐, 그 내용을 보면 수학 또는 수학·과학 본고사라 하는 것이 실상에 더 부합한다.

논술 고사 폐지는 문재인 대통령 공약 사항이다. 이 공약을 시행하는 것은 어렵지 않다. 예산이 한 푼도 들지 않을 뿐만 아니라 일이 아주 단순하다. 그냥 하지 않으면 되는 단순한 일이다. 특별히 이에 저항하는 세력도 없다. 점차적인 축소 또는 폐지가 예상된다. 그러나 논술 고사를 옹호하는 사람이 전혀 없는 것은 아니다. 현재 존재하는 시험 중에서 논술 고사가 제일 차원 높은 시험이기 때문이다.

구술 면접 고사는 논술 고사와 마찬가지로 상위권 대학에서 주로 활용하는 입시다. 논술 고사가 폐지되면 학종의 비중이 더 확대될 것으로 예상되는데, 학종의 여러 요소 중에서도 구술 면접 고사의 역할이 특히 더 커질 것으로 예상된다.

4. 교과 관련 경시대회 수상 경력

학교에서 시험 형식으로 진행되는 교과 관련 경시대회 수상 기록.

학생부에는 수상 경력 항목이 있다. 학생이 학교에서 받은 상을 기록하는데, 그중에서 입시에 더 중요하다고 판단되는 것이 경시대회 수상 경력이다. 특히 영어, 수학, 국어, 과학, 사회 등 주요 교과와 관련한 경시대회 수상 경력이다. 이러한 경시대회는 학종으로 인해 그 수가 크게 증가했다. 과학 과목만해도 물리, 화학, 생명 과학, 지구 과학 이렇게 여러 개로 나누어 경시대회를 개최한다.

이것들은 대부분 시험이다. 지필 시험이 아닌 경우도 있지만 지필 시험인 경우가 더 많다. 물론 영어 말하기 대회나 영어 토론 대회 등 지필 고사 형식으로 진행되지 않는 경시대회도 적지 않으나, 그것 또한 시험인 것은 마찬가지이다. 정규 시험과 크게 다르지 않은 또 다른 형태의 학교 시험이라고 봐도 큰 오류는 없다.

경시대회 시험은 대개의 경우 정규 시험보다 훨씬 어렵다. 공부 잘하는 학생이 주로 참가하니까 정규 시험보다 어려울 수밖에 없다. 어쩌면 상위권 대학의 학종에서는 경시대회 시험 성적이 의외로 중요할 수 있다. 변별력이 크고 뚜렷하기 때문이다. 대개의 경우 경시대회에서는 1등을 분명하게 가려서 상을 준다. 여러 명이 동시에 1등급을 받는 내신보다 더 철저하게 순위를 가려 준다.

5. 학생부 비교과

학생부에 기록된 여러 가지 내용.

인적·학적 사항을 제외한 입시에 반영된다고 생각되는 학생부의 모든 기록이다. 학생부 순서대로 정리하면 다음과 같다. 이 중 제일 중요한 것이 수상 경력, 다음으로 중요한 것이 창의적 체험 활동과 세부 능력 및 특기 사항이라 판단된다.

(1) 출결 사항

(2) 수상 경력

(3) 자격증 및 인증 취득 상황

(4) 진로 희망 사항

(5) 창의적 체험 활동 상황

　　① 자율 활동

　　② 동아리 활동

　　③ 봉사 활동

　　④ 진로 활동

(6) (교과) 세부 능력 및 특기 사항

(7) 독서 활동 상황

(8) 행동 특성 및 종합 의견

(1) 출결 사항

수업 일수와 결석, 지각, 조퇴, 결과 등의 사항 기록이다. 질병 결석은 아무런 문제가 되지 않지만 무단결석은 입시에 불이익이 있을 수 있다. 지각, 조퇴, 결과 등의 경우도 마찬가지다. 물론 질병 결석도 그 양이 지나치게 많으면 입시에 불리하게 작용할 수 있다.

(2) 수상 경력

학생부에는 다양한 종류의 상이 기록된다. 그중 교과 우수상은 학교 시험 (내신) 성적 우수자에게 주는 상이다. 경시대회의 각종 상은 경시대회 시험 우수자에게 주는 상이다. 그러나 수상 경력에는 이들 이외의 다양한 상이 기록된다. 경시대회 상만 하더라도 시험이 아닌 다른 방식의 경시대회 상도 많다. 발명품 경진 대회, 신문 만들기 대회, 과제 연구 대회 등이 그것이다. 경시대회와 완전히 무관한 수상 경력도 있다. 모범 학생 표창 등이 대표적이다. 학교마다 내용과 명칭이 조금씩 다르다. 학종으로 인해 상의 종류가 점차 많아지고 수상 경쟁도 치열해지고 있다.

(3) 자격증 및 인증 취득 상황

모든 자격증과 인증이 기록되는 것은 아니다. 사교육을 유발하는 요소들을 배제하기 위하여 학생부에 기록되는 것이 엄격히 제한된다. 하지만 학생부에 기록되는 자격증이 아주 적지는 않다. 특성화고의 기술 자격증 외에도 학생부에 기록될 수 있는 것이 있다. 주로 국가 기관이 발급하는 자격증이다. 문화체육관광부의 국어 능력 인증 시험 자격증, 보건복지부의 수화 통역사 자격증, 금융위원회의 자산 관리사 자격증 등이 그것이다.

(4) 진로 희망 사항

희망하는 직업과 그것을 희망하게 된 사유를 기록한다. 일반적으로 희망하는 직업과 진학하려는 학과가 깊은 연관성을 가져야 한다고 생각한다. 그렇지 않다고 말하는 대학도 있지만 대개의 경우는 그렇게 생각한다.

(5) 창의적 체험 활동 상황

① 자율 활동

적응 활동, 자치 활동, 행사 활동, 창의적 특색 활동 등의 요소로 이루어져
있다. 학생부에는 따로 구분하지 않고 자율 활동으로만 기록한다.

적응 활동이란 학생들이 학교생활에 적응하도록 돕는 학교의 모든 교육
활동을 가리킨다. 학교 폭력 예방 교육, 금연 교육, 가정 폭력 예방 교육, 성희
롱 성폭력 예방 교육, 장애 이해 교육 등이 여기에 속한다. 자치 활동이란 학
급 차원의 학생회 및 학급 부서 활동, 학교 차원의 학생회 및 학생회 부서 활
동 등을 말한다. 전교 학생회장이 제일 좋은 스펙이고, 전교 부회장이나 학생
회 임원도 괜찮다. 학급의 회장이나 부회장도 좋은 스펙이다. 그 자체로서도
좋은 스펙이지만 그로 인해 거의 자동적으로 모범 학생상 등을 받을 수 있어
서 좋다. 수상 경력 항목이 더 풍성해지는 것이다. 행사 활동이란 말 그대로
학교의 다양한 행사에 참여한 활동을 말한다. 수련회, 수학여행, 체육 대회
등이 대표적이다. 창의적 특색 활동이란 앞에서 언급한 자율 활동 이외의 특
색 있는 활동을 말한다. 교복 물려주기 활동이나 지역의 문화재 답사 활동 등
이 여기에 속한다.

② 동아리 활동

동아리는 정규 동아리, 자율 동아리로 나뉘어 있다. 정규 동아리는 모든 학
생이 의무적으로 참여하는 동아리로 정규 수업 시간에 활동 시간이 편성되
어 있다. 자율 동아리는 학생들이 스스로 만든 동아리로 활동 시간이 정규 수
업 시간에 편성되어 있지 않다. 학종으로 인해 학생들이 참여하는 자율 동아

리의 개수가 많아지고 있다. 상위권 대학에 진학하려는 학생들은 보통 여러 개의 자율 동아리에 참여한다. 두세 개는 보통이고 대여섯 개도 드물지 않다.

③ 봉사 활동

봉사 활동 특기 사항은 서술 형태로 기록되고, 봉사 활동 실적은 시간으로 기록된다. 학종으로 인해 학생들의 봉사 활동 시간이 현저히 증가했다. 무조건 많이 한다고 높은 평가를 받는 것은 아니라고 대학에서 말하지만, 적당량을 알 수 없어 학생들의 봉사 활동 시간이 증가하고 있다. 적어도 수십 시간, 더 욕심을 내자면 백 시간은 해야 그나마 안심할 수 있을 정도이다.

④ 진로 활동

진로 활동은 진로와 관련하여 이루어진 다양한 활동에 대한 기록이다.

(6) (교과) 세부 능력 및 특기 사항

교육부 훈령에 의하면 이것은 '과목별 성취 기준에 따른 성취 수준의 특성 및 학습 활동 참여도 등에 대한 기록'이다. 무슨 말인지 이해하기 어려울 것이다. 교사인 나도 그렇다. 아마 이 말을 만든 사람도 그러할 것이다. 하지만 그냥 쉽게 수업 시간에 이루어진 학생의 활동에 대한 기록이라고 생각하면 큰 무리가 없다. 그러니까 각 과목의 시험 성적은 학생부 교과 성적(내신 성적)이 되는 것이고, 수업 시간에 이루어진 학생의 활동에 대한 기록은 학생부 비교과의 세부 능력 및 특기 사항이 되는 것이다. 주로 수업 시간에 일어난 활동을 기록하지만 그것만 기록하는 것은 아니다. 과제물과 관련된 내용이라든지 방과 후의 보충 수업과 같은 것들도 기록될 수 있다. 그리고 교실 수업은 아니지만 교과 학습과 연계될 수 있는 교내 대회 및 교내 행사 등의 개인별 세부 능력 및 특기 사항도 기록될 수 있다. 점차 학생부 비교과 중에서

이 교과 세부 능력 및 특기 사항의 중요성이 아주 커지고 있다. 아마도 한동안 이러한 현상이 지속될 것으로 판단된다.

(7) 독서 활동 상황

학생의 독서 활동에 대한 기록이다. 당연히 아무런 책이나 읽는 것은 별 의미가 없다. 입학 사정관이 매력을 느낄 만한 책을 읽어야 한다. 그래서 점점 어려운 책을 읽으려는 경향이 강하다. 반드시 그럴 필요가 없다고도 하지만 다른 학생의 독서 기록보다 돋보이게 하려면 그렇게 하지 않을 수 없다. 앞으로 당분간 이런 경향이 계속될 것이라 예상된다.

(8) 행동 특성 및 종합 의견

학생들의 행동 중 의미 있는 것을 기록하는 것이다. 학생의 학교생활 전반을 종합하여 기록하는 것이다.

6. 자기 소개서

당락에 큰 영향을 미치지는 않을 것이라고 누구나 예상하지만 학생들이 이에 대해 느끼는 부담은 생각하는 것 이상으로 크다. 여러 명의 교사로부터 조언을 받으며 수십 번씩 수정하는 학생들이 많다. 학부모나 학원의 도움을 받아 자기 소개서를 쓰는 학생들도 많다. 자기 소개서는 학생, 학부모, 교사에게 상당히 큰 부담을 주는 입시 요소임이 분명하다.

7. 면접

면접에는 우리가 일반적으로 알고 있는 면접과 시험 성격의 구술 면접 고사가 있다. 이 중 구술 면접 고사는 교수가 말로 진행하는 시험으로 볼 수 있으므로, 대학별 고사로 분류하는 것이 타당하다. 여기서는 시험 성격의 면접은 대학별 고사로 분류했다.

8. 추천서

추천서의 내용은 당락에 아무런 영향을 미치지 않는다고 예상된다. 학생에겐 별다른 부담도 되지 않는다. 다만 추천서를 쓰는 교사들에겐 상당히 큰 부담이 된다.

9. 고교 등급

고교 간에 존재하는 학력 차이를 반영하는 것.

물론 공식적으로 고교 등급제는 존재하지 않는다. 정부에 의해 금지됐다. 하지만 실제로도 그럴까? 교사들이 체감하기엔 고교 등급제는 엄연하게 존재하고 있다. 대학에 따라 그 양상이 많이 다르겠지만 학종에 고교 등급제가 존재하는 것은 분명하다. 학생부 교과 전형에도 일부 존재하는 것처럼 보인다. 대학이 일목요연하게 고등학교에 서열을 매겼다는 뜻은 아니다. 그랬을지도 모르지만 아마 그렇게까지는 하지 않았을 것이다. 하지만 어떤 방식으로든 대학들이 고교 간의 학력 수준 차이를 입시에 반영하고 있는 것은 의심의 여지가 없다. 상당수 상위권 대학은 분명히 그렇게 하는 것처럼 보인다. 물론 대학에서는 이러한 주장을 전면적으로 부정할 것이다. 하지만 현장 교사들은 고교 등급제가 존재한다는 것을 피부로 분명하게 느끼고 있다.

나는 고교 등급제를 무조건 나쁘게는 보지 않는다. 학생부 위주의 입시를 운용하려면 어쩔 수 없이 필요한 측면이 있다고 생각한다. 결코 악이 아니다. 하지만 존재하는 것을 존재하지 않는 것처럼 은폐하는 것은 잘못이라고 생각한다. 학종의 복잡성과 불명확성이 여기에서 비롯됐다고 생각하기 때문이다.

10. 절대 평가 내신

내신 절대 평가제에 대한 주장은 오래전부터 있어 왔다가, 최근에 문재인 대통령의 고교 학점제 정책으로 인해 그 중요성이 더욱 부각되었다. 내신 절대 평가제가 도입돼야 고교 학점제가 제대로 시행될 수 있다는 판단에서다. 음악·미술·체육 과목에서는 오래전부터 절대 평가제를 시행해 왔다. 3단계 절대 평가제다. 하지만 그 외의 다른 과목은 9등급 상대 평가제다.

여기서 말하는 내신 절대 평가제는 온전한 의미의 절대 평가제, 즉 절대 평가제 단독으로 존재하는 절대 평가제다. 절대 평가제는 단독으로 존재해야 절대 평가제다. 절대 평가제와 상대 평가제가 공존하면 결국은 상대 평가제와 다름이 없다. 평가와 수업을 지배하는 것은 결국 상대 평가제일 수밖에 없기 때문이다. 그렇게 되면 절대 평가제는 명목상으로만 존재해서 절대 평가제의 장점을 전혀 살리지 못할 가능성이 크다.

현재도 이미 명목상으로는 모든 과목에서 성취 평가제란 이름의 절대 평가제가 시행되고 있다. 하지만 실질적 차원에서 보면 현재의 내신 제도는 완전한 상대 평가제다.

11. 절대 평가 수능

2017년 8월에 도입 여부가 결정될 예정이었으나 결정이 1년 유예됐다. 현재 고려 중인 수능 절대 평가는 9등급 점수제 절대 평가제다. 수능 절대 평가는 문재인 대통령의 공약이다. 현재 한국사와 영어에서만 절대 평가제가 시행되고 있다. 문재인 대통령의 공약이지만 전체 과목으로 확대될지는 아직 미지수다.

12. 본고사

대학별 고사의 일종이다. 이런 점에서 논술 고사, 구술 면접 고사와 완전히 다른 성격의 입시가 아니다. 일반적으로 본고사라 할 때는 대학별 고사가 주요 과목 전반에 걸쳐 시행되는 것을 말한다. 주요 과목 전체로 확대된 대학별 고사라고 생각하면 큰 무리가 없다. 본고사는 1970년대까지 존재하다가 1980년대 들어와 학력고사가 도입되면서 폐지되었다. 그러다가 1994학년도 입시에서 수능 시험과 함께 도입되었다가 3년 만에 다시 폐지되었다. 1994학년도 입시에 도입되었던 본고사는 상당히 차원 높은 시험이었다. 논술식 문제가 기본이었다. 본고사가 폐지된 것은 시험 그 자체의 문제 때문이 아니라 사교육 때문이었다. 물론 일반고에서 대응하기 어려웠던 입시란 점도 크게 작용했다. 본고사의 일부였던 논술 시험은 아직 살아남아 있다.

13. 추첨

일정 기준 이상을 충족한 지원자를 대상으로 추첨하여 당락을 가리는 입시다. 아직 일부 사람들만이 주장하는 대학 입시다. 지금까지 존재했던 그 어떤 입시도 입시 경쟁을 완화하지 못했기 때문에, 추첨제와 같은 파격적인 입시 제도를 도입해야 한다는 주장은 앞으로도 계속 일정한 지지를 받을 것이라 판단된다.

● 학생부 종합 전형 반영 요소

현재 입시에서 활용되고 있는 9개(앞의 표 1~9번)의 요소 중 가장 많은 요소를 반영하는 전형은 학생부 종합 전형이다. 학종은 학생과 학부모는 물론 교사들에게도 매우 어려운 입시로 받아들여지고 있다.

학종에서도 제일 중요한 것은 역시 시험이다. 학생부의 비교과도 중요하지만 그것이 제일 중요한 요소는 절대로 아니다. 많은 사람들이 학종을 말하면 학생부 비교과를 주로 떠올린다. 학종의 장점을 말할 때도 비교과를 염두에 두고, 학종의 단점을 말할 때도 비교과를 염두에 두는 경우가 많다. 물론 어느 정도 이해할 만한 현상이다. 다른 입시 전형과 차별된 학종의 중요한 특징이 바로 학생부 비교과에 있기 때문이다. 하지만 그 이유 때문에 학생부 비교과가 학종에서 제일 중요한 요소라고 말하면 곤란하다. 그렇게 말하면 커다란 오류가 발생한다. 그것은 사람들에게 학종을 완전히 잘못 이해시키는 것이다. 학종에서도 여전히 제일 중요한 것은 시험 성적이다.

입시의 본질은 줄 세우기다. 줄을 세워 합격자와 탈락자를 가리는 것이다. 학종이라고 해서 줄 세우기를 안 하는 게 아니다. 줄 세우기를 하지 않았다면 어떻게 합격지와 탈락지를 가렸겠는가? 예비 번호 1번, 2번, 3번… 이런 식으로 순서를 정했겠는가? 학종도 줄 세우기를 한다. 그리고 시험 성적이 아닌 다른 것으로도, 즉 비교과나 자기 소개서로도 줄을 세울 수 있다. 어쩌면 학종이야말로 시험을 가장 중시하는 입시일지도 모른다. 연세대나 고려대의 학종을 목표로 삼는다고 가정해 보자. 그러면 4개의 시험을 준비해야 한다. 물론 연고대가 아닌 다른 대학을 준비하면 이것보다 더 적을 수 있다. 하지만 학생들이 지망하는 대학은 단 한 개가 아니다. 여러 개의 대학 입시를 준비한다. 그래서 학종으로 대학을 가려는 학생들은 대부분 다음 4개의 시험을 준비해야 한다.

첫째, 학교 시험이다. 내신이라고도 하고 학생부 교과라고도 하는 것이다.

학생부 교과 전형만큼은 아니겠지만 학종에서도 이게 아주 중요하다. 기본 중의 기본이다.

둘째, 구술 면접 고사다. 인성 등을 파악하는 그런 쉬운 면접을 말하는 게 아니다. 교과에 대한 이해가 있어야 하는 꽤 어려운 면접을 말하는 것이다. 서울대 학종도 지역 균형 선발 전형은 가벼운 면접이지만 일반 전형은 상당히 어려운 면접이다. 이게 일종의 대학별 고사다. 대학마다 난도 차이가 꽤 나는데 어쨌든 상당한 준비가 필요하다. 이 중 어려운 시험은 논술 고사 또는 수학·과학 본고사를 면접 형식으로 진행하는 것으로 보아도 무방할 정도다.

셋째, 수능 시험이다. 수능은 학종을 이루는 중요한 요소다. 수능 최저 등급을 적용하는 학종이 상당수의 대학에서 존재하기 때문이다. 특히 상위권 대학은 이것을 적용하는 경우가 꽤 많다. 연고대 학종에는 수능 최저 등급이 있다. 서울대 학종에는 지역 균형 선발 전형에 이게 있다. 의외로 꽤 많은 학생이 이것 때문에 떨어진다. 어떤 면에서는 학종과 수능이 서로 대립되는 입시가 아니다. 상당수 대학에서 수능은 학종의 한 요소이다.

넷째, 경시대회 시험이다. 알다시피 학생부에는 수상 경력 항목이 있다. 학교에서 받은 상을 기록한다. 그 중에서 특히 중요한 것이 경시대회 수상이다. 영어, 수학, 국어, 사회, 과학 등 교과와 관련한 경시대회 수상 말이다. 학교에는 이런 경시대회가 꽤 많다. 학종 때문에 엄청 늘어났다. 과학만 해도 물리, 화학, 생명 과학, 지구 과학 등 과목마다 경시대회를 개최하는 학교가 대부분일 것이다. 이게 사실상 시험이다. 지필 시험이 아닌 경우도 있지만 아마 지필 시험이 훨씬 더 많을 것이다. 그리고 어쩌면 이런 지필 시험이 오히려 부담이 더 적을 수 있다. 말하기나 토론 형식으로 전개되는 영어 경시대회를 생각해 보라. 상당수 학생들은 엄두가 안 날 것이다. 이것은 학생부 분류상 비교과로 분류된다. 하지만 이것은 분명히 또 하나의 학교 시험이다. 우리가 흔히들 알고 있는 중간고사·기말고사는 아니지만 분명히 또 다른 형태의 학교 시험인 것이다. 이게 정규 시험보다 더 어려운 시험이다. 공부 잘하는 학생이 주로 참가하니까 정규 시험보다 어려울 수밖에 없다. 그런데 학종에서는 이 경시대회 시험 성적이 의외로 아주 중요할 수 있다. 변별력이 크고 뚜렷하기 때문이다. 경시대회에서는 1등을 분명하게 가려서 상을 준다. 몇 명이 동시에 1등급을 받는 내신보다 더 철저하게 순위를 가려 준다.

학종으로 대학을 가려는 학생들의 상당수는 이들 시험을 모두 준비해야 한다. 생각해 보면 학생부 종합 전형이란 이름은 잘못된 이름이다. 학생부 종합 전형, 즉 '학종'이라기보단 입시 종합 전형, 즉 '입종'이라고 해야 실상에 더 부합하는 말이다.

학종은 학교에 따라 상당한 차이가 있다. 몇 개 대학의 사례를 통해 어떤 요소들이 학종에 반영되는지 살펴보자.

번호	요소		반영 여부				
			예시 1	예시 2	예시 3	예시 4	예시 5
			연·고대	서울대 일반 전형	서울대 지역 균형	한양대	이대
1	내신		○	○	○	○	○
2	수능		○		○		○
3	대학별 고사	논술 고사					
		구술 면접	○	○			
4	교과 관련 경시대회 수상 경력		○	○	○	○	○
5	학생부 비교과		○	○	○	○	○
6	자기 소개서		○	○	○		○
7	면접		○		○		○
8	추천서		○	○	○		○
9	고교 등급		△	△		△	△

① 고교 간의 학력 차이(고교 등급)가 입시 반영 요소라는 것은 순전히 필자의 추측이다. 분명한 증거가 없다. 그러나 일반고 교사들 대부분은 나와 동일한 추측을 하고 있다.

② 같은 학교의 학종이라 해도 그 안에서 전형이 여러 개일 수 있다. 서울대 학종 안에는 일반 전형과 지역 균형 선발 전형 등이 있고, 연세대 학종에는 면접형 전형과 활동 우수형 전형 등이, 고려대 학종에는 일반 전형과 고교 추천 전형 등이 있다. 따라서 학종 내에서도 전형에 따라 입시에 반영하는 요소가 서로 다를 수 있다.

③ 학생부 교과 성적(내신 성적)을 미반영하는 대학도 있다. 한양대의 경우다. 하지만 우수한 내신 성적은 학생부 수상 경력에 교과 우수상으로 기록되기 때문에 한양대의 경우도 내신 성적이 입시에 반영되는 것으로 볼 수 있다. 그래서 표에는 내신을 반영한다고 표시했다.

④ 대학별 고사로 분류한 시험 성격의 면접과 대학별 고사로 분류되지 않은 일반적인 면접이 명확하게 구별되는 것은 아니기 때문에 위의 표에 대해 대학이 동의하지 않을 수 있다.

● 학생부 교과 전형 반영 요소

번호	요소		반영 여부			
			예시 1	예시 2	예시 3	예시 4
1	내신		○	○	○	○
2	수능			○	○	○
3	대학별 고사	논술 고사				
		구술 면접			○	○
4	교과 관련 경시대회 수상 경력					
5	학생부 비교과				○	
6	자기 소개서					○
7	면접					○
8	추천서					○
9	고교 등급					

① 하위권 대학으로 갈수록 내신 성적만 반영하는 경우가 많고 상위권 대학으로 갈수록 수능 최저 등급을 적용하는 경우가 많다. 상위권 대학의 경우는 대학별 고사 성격의 면접을 실시하는 경우도 있다.

② 학생부 교과 전형에도 비교과가 반영되는 경우가 있다. 대부분은 출결과 봉사 시간을 정량적으로 반영한다. 비교과의 교과 세부 능력 및 특기 사항 등을 반영하는 경우도 있지만 극히 예외적인 경우라 무시했다. 내신 성적을 Z점수로 환산하는 경우도 있다. Z점수로 환산하면 고교 간 학력 차이가 Z점수에 일정 정도 반영된다. 이 또한 예외적인 경우로 보고 무시했다.

③ 학종과 학생부 교과 전형의 구분이 항상 뚜렷한 것은 아니다. 가장 복잡하고 어려운 상위권 대학의 학생부 교과 전형은 학종과 큰 차이가 없어 보인다. 자기 소개서와 추천서를 요구하고, 면접도 제법 어렵게 진행한다. 다만 상위권 대학의 입시에는 학생부 교과 전형의 비율이 매우 적다. 또 그조차도 점차 학종에 밀려나고 있다.

● 논술 위주 전형 반영 요소

번호	요소		반영 여부		
			예시 1	예시 2	예시 3
1	내신				○
2	수능			○	○
3	대학별 고사	논술 고사	○	○	○
		구술 면접			
4	교과 관련 경시대회 수상 경력				
5	학생부 비교과				
6	자기 소개서				
7	면접				
8	추천서				
9	고교 등급				

① 논술 위주 전형의 가장 일반적 형태는 '논술 시험+수능 최저 등급'이다. 논술 100%로 선발하는 경우는 오히려 많지 않다. 내신 성적이 반영되는 경우도 적지 않은데 당락에 결정적인 영향을 미치는 경우는 많지 않다고 판단된다.

② 출결과 봉사 활동 시간(학생부 비교과)이 정량적으로 반영되는 경우가 있는데 중요하지 않아 무시했다.

● 수능 위주 전형(정시) 반영 요소

번호	요소		반영 여부	
			예시 1	예시 2
1	내신			○
2	수능		○	○
3	대학별 고사	논술 고사		
		구술 면접		
4	교과 관련 경시대회 수상 경력			
5	학생부 비교과			
6	자기 소개서			
7	면접			
8	추천서			
9	고교 등급			

① 수능 위주 전형의 가장 일반적 형태는 수능 100% 반영이다. 그러나 내신 성적을 일부 반영하는 경우도 적지 않다.

② 출결과 봉사 활동 시간(학생부 비교과)을 반영하는 경우도 있는데 중요하지 않아 무시했다. 면접이 있는 경우도 있지만 예외적인 경우라 생각되어 무시했다.

입시의 몰락

초판 1쇄 발행 • 2018년 4월 30일

엮은이 • 이기정
펴낸이 • 강일우
책임편집 • 강창호
펴낸곳 • (주)창비교육
등록 • 2014년 6월 20일 제2014-000183호
주소 • 04004 서울특별시 마포구 월드컵로12길 7
전화 • 1833-7247
팩스 • 영업 070-4838-4938 / 편집 02-6949-0953
홈페이지 • www.changbiedu.com
전자우편 • textbook@changbi.com

ⓒ 이기정 2018
ISBN 979-11-86367-97-1 00370